Moisés Pacheco Ramírez

MIRANDO LO POSITIVO DE SER EMIGRANTE

Moisés Pacheco Ramírez

Créditos

1ra edición *Mirando lo positivo de ser inmigrante* Moisés Pacheco Ramírez

ISBN: 9798871505670
Sello: Independently published.
Edición y maqueta edicionesmuntaner Barcelona.
Contacto: edicionesmuntaner@gmail.com
Queda prohibida la divulgación o reimpresión
De este libro sin la autorización de su autor.
Contacto: elsabiodecambios84@gmail.com

Capítulo 1. Mirando lo positivo de ser emigrante

Desde que el hombre tuvo uso y razón, emigrar ha sido una forma de vida. Siempre buscando lo mejor para mantenerse vivo y abastecido de sus bienes materiales básicos.

Se dice que éramos nómadas, nunca permanecimos en un solo lugar, siempre buscando un bienestar mejor, para el clan en esos tiempos y para la familia en estos tiempos quizá una buena cacería, o un buen terreno para sembrar, o buen lugar con suficiente agua cerca río, o lago, obviamente si se acababan los recursos en el lugar donde se habían asentado, se veían obligados a migrar en ese tiempo; el caso es que somos migrantes por nacimiento, las naciones se han formado por la migración masiva, que el mundo ha experimentado.

Los colonizadores han sido migrantes. Gracias a eso vivimos una mejor vida y de cierta forma hemos avanzado. ¿Por qué? porque los hombres de ese tiempo vivían menos años, la edad promedio era de treinta años.

El hombre moría joven y habló del hombre ermitaño, el hombre de la caverna.

Claro que hubo otra clase de hombre el de la biblia. La biblia relata en Génesis 5:27 que Matusalén vivió novecientos sesenta y nueve años, pero también la ciencia relata que el hombre de las cavernas vivió treinta años ¿Por qué moría a esa edad, el hombre de las cavernas?

Por muchos factores en su contra, bien porque un animal los devoraba o la mala higiene los mataba, por las enfermedades e infecciones, que adquirían.

Al emigrar de un lugar a otro, la realidad de las cosas nosotros en el siglo XXI no estamos ajenos a eso, pero gracias a la migración eso ha cambiado, de cierta manera.

Hay muchas más ventajas, hay vehículos y nos movemos más fácilmente, contrario a los hombres del pasado. Sufrían mucho más que nosotros los extranjeros e inmigrantes. Pero no nos sintamos apenados ni tristes de serlo porque hasta en los animales vemos la migración.

Por ejemplo los patos migran cada año de un lugar a otro por el cambio de clima, cuando vivía en Omaha, Nebraska trabajé en el área de la construcción para ser exactos y concretos y entre octubre y noviembre empezamos a ver que pasaban muchos patos en manadas de quince o veinte patos, venían del lado de sur Dakota pasaban por Nebraska buscando lo cálido del clima seguramente buscando lo cálido de Texas, quiero imaginar que así, hacía allí se dirigían era cada año.

De igual manera, la mariposa monarca migra desde Canadá hasta Michoacán México unas 3,000 millas cada año, si estos animales migran, entonces migrar es un derecho que tiene cada ser humano si no se siente a gusto donde nació y quiere explorar otras tierras, tienen el derecho a migrar obviamente se tiene que cumplir ciertos requisitos para hacerlo.

Pero a veces se toman decisiones precipitadas porque a la gente común, o sea, a la de a pie, no se les da tal oportunidad de migrar legalmente, se les niega constantemente ese derecho y vivir en un país extranjero sin los papeles en regla de tal país es todo un reto.

Hay tanta pérdida y abusos increíbles en todo el mundo cuando no se tienen los documentos en regla. Incluso por otro migrante, que quizá ya salió de las sombras, y no te ven con buenos ojos.

De hecho para pedir una visa a un país no todos los países pero algunos si tienes que demostrar que tienes un patrimonio o cuenta bancaria para poder darte una visa de turista. Para migrar para trabajar también te piden varios requisitos. Conocí a tres personas que vinieron a Estados Unidos con visa para trabajar y les prometieron ganar bien cuando llegaron a Estados Unidos de Norteamérica.

Los tenían viviendo en barracas amontonados y trabajan los siete días de la semana casi en régimen de esclavitud, y además solo tenían unas pocas horas para ir a lavar la ropa, cada domingo por la tarde los trasladaban, en autobús del campo donde trabajaban remotamente. Prácticamente son esclavos. Vivían hasta veinte personas en una barraca, aparte les pagaban muy poco de allí les descontaban de su cheque les quedaba muy poco para enviar a sus seres queridos a su país hasta que tomaron la decisión de escapar de esos maltratos y buscar ayuda con las autoridades correspondientes gracias a eso hoy tienen los documentos de aquí estadounidenses.

Cuánta gente sufre así que emigrar no es nada fácil en Estados Unidos se trabaja muy duro si solo se trabaja como empleado solo ajusta el dinero para sobrevivir.

Ah pero hay otras minorías que no pueden viajar a otros países mucho menos migrar, ellos son la gente común que no tiene esa oportunidad por eso migran por su propia cuenta y arriesgando hasta la vida.

Entonces ¿por qué tomar tal riesgo y tan grande?, ¿por qué se emigra?

Bueno se migra por muchas cosas distintas, la migración más grande que hay en el mundo es por tener una vida mejor eso encierra no pasar hambre, no pasar abusos, políticos, no vivir con miedo por la delincuencia. Otros por simplemente salir del lugar de donde nacieron simplemente porque no se sienten aceptados porque son personas especiales y la gente no los entiende porque el cerebro de estas personas es sumamente inteligente. Entonces optan por emigrar para conocer nuevas tierras y sentirse aceptados por mentes que comparten las mismas ideas.

La realidad de las cosas es que se migra buscando la felicidad, aunque no debería ser así porque la felicidad está por dentro. La migración es la que hace que el mundo avance los grandes inventos del mundo lo han hecho personas que han migrado de su tierra natal, a otros países con más desarrollo que el propio país de donde nacieron y la invención la hicieron en un país extranjero obviamente no todas las personas que migran logran el sueño por el cual migraron, ni siquiera llegan a su destino porque mueren en el camino, otros pierden sus extremidades por accidentes graves los pocos que logran llegar al destino llegan y algunos enfermos por el largo viaje entonces pasa que el sueño por el que migraron se convierte en pesadilla, y encima si llegan a un país con muchas regulaciones los migrantes sufren es decir sufren desprecios racismo, las leyes cambian constantemente para los migrantes en Estados Unidos, por ejemplo, en el Estado de Florida aprobaron una ley antiinmigrante.

Donde todo aquel que no tenga los papeles en regla será procesado. También todo aquel que sea legal en el país y ayude a una persona que no tenga los documentos en regla será procesado por la ley.

Así sean sus propios padres o hermanos o hijos, este tipo de leyes destruye familias completas separadas de padres e hijos eso no es justo. Aunque uno cree que las leyes se hacen siempre para mejorar pero este no es el caso, cómo podemos pensar que hay personas que aprueban leyes para destruir sueños y el futuro de familias completas.

Entonces: ¿cómo podemos ver al mundo positivamente cuando hay algo así? Es difícil entender al humano por un cargo y poder hacer cosas como esas sin medir las consecuencias, y uno se hace una pregunta ¿está pasando esto en pleno 2023? aunque se entiende que eso es pura política, pero de cierta forma aturden esas mentes de los emigrantes.

A punto de pensar en el racismo aunque el racismo no solamente es en un país extranjero sino que en nuestros propios pueblos hay racismo y clasismo y de hecho algunos migran porque están hartos de que pocos son los beneficiados en su pueblo natal por la injusticia y por las leyes corruptas no hay oportunidades de sobresalir porque si ya vas sobresaliendo.

Es allí donde empiezan ciertos desafíos, entonces la gente huye para buscar una mejor vida. Y llegar a un país extranjero y que no valoren tu esfuerzo es difícil.

Los latinos hemos dejado huella en cada edificio que hemos construido, en cada restaurante que hemos aportado para que se vuelvan famosos y con clientela en cada hotel donde hacemos la limpieza. Creo que lo mínimo es que reconozcan nuestro esfuerzo. Te puedo hablar de muchos latinos que han destacado en este país. Por ejemplo, aquí está la historia

Me llamo Carlos Zamora, y soy Licenciado en Administración de Empresas con mención en Gerencia

Industrial, además de Técnico Superior en Publicidad y Mercadeo.

En marzo de 2018, emigré a Estados Unidos huyendo de la convulsión social que se vive en Venezuela, mi país natal.

En ese entonces yo era comerciante y mi empresa se dedicaba a la distribución de alimentos de consumo masivo en mi ciudad y áreas cercanas.

Sin embargo, este tipo de compañías eran atractivas para el Gobierno, quienes fácilmente podían despojarte de tu propiedad, que habías construido con años de esfuerzo y dedicación, tanto monetaria como humana.

Fue por eso que, junto con mi familia, nos vimos obligados a emigrar debido a una expropiación que sufrimos.

Afortunadamente, este maravilloso país nos recibió con los brazos abiertos y nos brindó la oportunidad de solicitar asilo político, lo que agradecemos profundamente.

Entendemos que cada situación es diferente, pero valoramos enormemente el coraje de quienes toman la difícil decisión de dejar atrás todo lo que conocen para comenzar de nuevo.

Como familia, conocemos la alegría de tener una nueva casa, vehículos nuevos y estar libres de deudas.

Sabemos lo que es tener libertad financiera.

Para empezar mi nueva vida en Estados Unidos, decidí que era necesario comprarme un vehículo, ya que conocía la extensión de las distancias y los diferentes destinos gracias a haber venido de vacaciones varias veces anteriormente. Sin un vehículo, me sentía como si estuviera limitado y estancado en ciertos lugares. Además, compré un celular para mantenerme en contacto con mi familia y utilizarlo como herramienta para llegar a cada destino.

Durante mi primer mes en el país, apliqué lo que leí en un libro sobre la experiencia de otros inmigrantes en conseguir la licencia de conducir, un privilegio en Estados Unidos. Me sorprendió saber que había mucho más de lo que pensaba en términos de conocimientos de las leyes de tránsito. Aunque había manejado y tenía licencia desde los 15 años, no tenía la experiencia necesaria para aprobar el examen aquí en los EEUU. Presenté mi primer examen en la Florida, pero desafortunadamente reprobé y tuve que esperar siete días para volver a intentarlo.

Decidí ir a la casa de mi primo en Murfreesboro, Tennessee, mi destino final del viaje para intentarlo de nuevo. Aunque el proceso era diferente, reuní los requisitos necesarios, incluyendo dos facturas que indicarán que yo vivía en la casa de mi primo. Aunque no aprobé la prueba en mi segundo intento en Tennessee, estudié duro y finalmente lo logré después de otros 7 días de espera. Me sentí emocionado y agradecido de haber obtenido mi licencia de conducir después de tanto esfuerzo y fracasos anteriores. Recuerda que te comenté que logré la licencia, esa primera que otorgan es la provisional que su tiempo de vencimiento es solo por un año y eso lo supe, porque después de obtenerla aplique para ser chofer de una de las aplicaciones para montar pasajero, lo cual la licencia que tenía era la de un aprendiz y tenía que realizar la prueba de manejo para poder obtener la licencia que me cataloga como un chofer confiable, como te lo estás imaginando la aprobé, después de tantos fracasos a nivel teórico este proceso de derrotas continúa me permitió tener un mejor entendimiento y adaptarme al sistema, fíjate que escribo adaptarme no apegarme, después de dos una semana más objetivo logrado y un gran Milagro, la licencia de conducir me la otorgaron por 8 años, una bendición.

De Dios que solo apunta una señal de que lo que vendría sería mejor, con la incertidumbre de costumbre por mi experiencia, ya no me asombraba las cosas que poco a poco estaba logrando y el por qué, es porque conozco que es estar cómodo y ahora valoro y sé que es un hecho de que todo se puede perder.

Con todo esto empecé a ser más agradecido con Dios y las circunstancias que no siempre serán un jardín de rosa, pero con la esperanza puesta de que solo tenemos un día a la vez.

Si lo único que me preguntas es ¡Carlos! ¿Cuál es tu mayor logro hasta el día de hoy?

Te respondería que lo único que hice finalmente es dejarme guiar y seguir a Dios, deje de pensar en lo que piensen los demás de mí, me concentré en mi pasión que es conocerlo cada día más a Él. Finalmente trajo como consecuencias otras posiciones de liderazgo dentro de la Iglesia a la que servía, empecé a contribuir a la obra social desde aquí a mi país, como resultado de pequeños pasos fui recibiendo la confirmación de mi llamado espiritual de parte de Dios para servirlo a tiempo completo y lo estoy haciendo como voluntario en una congregación donde no se estaba predicando la palabra en español y nuevamente el Señor en su soberanía me ubicó haciendo que tenga planes para comprar mi casa y luego me ubico en la Iglesia, nadie lo sabía, solo Dios y mi familia, por eso es que juntos con mi familia no ponemos en duda lo que el Señor hace y cómo lo hace, las veces que quiere, aférrate a Dios, en un país donde uno se siente solo él siempre está allí como tú mejor amigo.

La biblia dice: *buscad primeramente el reino de Dios y su justicia y todas las demás cosas serán añadidas*. Mateo 6:33

Eso simplemente significa para mí, que todo lo que a ti verdaderamente te hace falta Él, Dios, te lo otorgará de acuerdo a su sagrada y si está alineado a su voluntad.

Con Dios el privilegio es para ti, obedécele, persiste, resiste y jamás desista, porque en el proceso él te dará tu recompensa.

Para que recibas sus palabras de ánimo al final del camino, cuando estés en su presencia y te diga: *bien hecho buen siervo fiel, en lo poco fuiste fiel y en lo mucho te pondré, ven y entra al gozo de tu Señor.* Mateo 25:21-23

Dios te bendiga en todo lo que hagas y recuerda que todo lo que te propongas, coloca a Dios como tu socio mayoritario y quizás te concederá solo tienes que intentarlo, eso se hace con Fe.
El tiempo de Él es Perfecto y es ahora, el tiempo es lo único que no puedes recuperar, recuperas el dinero, relaciones,

amistades, emociones salud, menos el tiempo.

No pierdas más el tiempo y toma acción ya, ahora.

Fábrica de Novias

Estoy al entrar por el acceso veintidós de la Ronda del Litoral hacia el Prat de Llobregat, donde regularmente en invierno hay dos grados menos que en el barrio de Gràcia donde vivo en Barcelona, ósea en la montaña. La luz roja en el semáforo me permite ver la punta superior de la cola trasera del pez metálico que diseñó el arquitecto norteamericano Frank Ghery tras el hotel Arts, ella me indica la dirección exacta donde está el mar y casi toda mi vida anterior al tiempo del exilio.

El hotel junta todas las urbanizaciones de esta zona nacieron gracias a las olimpiadas de 1992, que fue cuando por primera vez escuché el nombre de Barcelona como un lugar propio, hecho a sí mismo como Sevilla o Madrid. Lo otro era España, y gracias a esos juegos Barcelona emergió al menos para mí, del mediterráneo hasta el Caribe, a pesar incluso de haber escuchado cantar a Joan Manuel Serrat en La Habana, nunca estando allí lo asociaba a una ciudad y comunidad que eran muy distinta al resto.

El 2008, ha sido el año de la consolidación de la crisis económica en todo el mundo, crisis cíclicas según mis estudios Marxistas Leninistas obligatorios en la facultad de historia en la universidad de La Habana.

El primer año de Barack Omaba, primer presidente de una minoría en lo más alto del país que consolidó los monopolios económicos a escala universal, y ahora se le llama globalización. Pero los cambios que traerá Obama aún no sé qué fruto darán en Washington, aquí del otro lado del atlántico en mi empresa anunciaron hoy los primeros despidos debido a la tajada de crisis que cada empresa lleva dentro o se inventa para reestructurar y generar ganancias por encima de las pérdidas... Esto último, será más tarde, ahora sigo el cambio de luz...

Este año también nació mi hija, acabo de dejarla en su guardería en Gràcia, Cor Mar (Corazón de María en Castellano), y cuando la dejó el coche se hace muchos más grande, aunque sigo mirando su silla en la parte de atrás y verla vacía me hacer ser menos. La dependencia del cariño o la ternura a que me somete con su presencia es algo que me gustó siempre desde que salió del vientre de su madre para caer en mi pecho.

Antes de entrar al túnel que me conecta a la Ronda del Litoral, busco con la vista a las gaviotas que cada mañana se colocan militarmente encima de las farolas de la avenida con sus colas que dan al mar, o sea, miran hacia la ciudad, contrarias al pez metálico; rara vez he visto que dos compartan la misma farola, egoísmo innato, un día llegué a contar hasta nueve seguidas siempre en solitario en cada una de las farolas. Tienen una actitud de espera y calma que asombra con la gran fluidez vial y el ruido de esa hora, donde los coches se disputan la entrada 23 como pueden intentando entrar en un embudo, venimos de tres carriles y dos direcciones diferentes a meternos en un carril. El pánico de que no te pille el atasco y llegar tarde es mal compañero.

No me di cuenta hasta que visité el zoo de Barcelona, que en realidad estas gaviotas vienen a comer o rapiñar comida al zoo, no miran la ciudad de la Sagrada Familia de Gaudí como pensé en un principio, esperan que les pongan la comida a los animales sueltos para entrar.

Las gaviotas en Barcelona están muy lejos de la idílica que leí de joven en un libro: Juan Salvador Gaviota, allí eran reflexivas del vuelo y del aire:

"Las gaviotas, como es bien sabido, nunca se atascan, nunca se detienen. Detenerse en medio del vuelo es para ellas vergüenza, y es deshonor.

Pero Juan Salvador Gaviota, sin avergonzarse, y al extender otra vez sus alas en aquella temblorosa y ardua torsión -parando, parando, y atascándose de nuevo-, no era un pájaro cualquiera.

La mayoría de las gaviotas no se molesta en aprender sino las normas de vuelo más elementales: como ir y volver entre playa y comida. Para la mayoría de las gaviotas, no es volar lo que importa, sino comer.

Para esta gaviota, sin embargo, no era comer lo que le importaba, sino volar. Más que nada en el mundo, Juan Salvador Gaviota amaba volar.

Aquí se han convertido en ratas que vuelan y devoran palomas en los espacios públicos con una violencia desmesurada, dando la sensación de estar haciendo en el reino animal lo que Quentin Tarantino en algunos de sus primeros filmes.

Tengo grabado un video de una gaviota devorando una paloma en pleno centro de la ciudad, frente a la Estación de Francia que solo el hecho de recordarlo duele. Parece que el cambio climático y la alimentación o falta de peces les ha obligado a un cambio de dieta que comienza a ser demoledor y violento.

No siempre tenía estas vistas desde el coche. No siempre fue así. Antes cuando comencé a trabajar en el Prat de Llobregat iba en metro y bus y me gustaba la actividad social de la gente desconocida, ver lo que iban leyendo o cómo iban vestidos. La fiesta terminaba cuando me bajaba del bus en invierno y tenía que andar casi ochocientos metros hasta el stock o almacén dónde se distribuyen los trajes de novia a todo el mundo, para ser exactos a 75 países. El frío me helaba y llevaba siempre la memoria hacia el verano de mi nacimiento.

Salgo del túnel que me hace pasar cada día por debajo de la estatua de Cristóbal Colón brazo en alto señalando hacia América al final de Las Ramblas. Ya en las faldas de la montaña de Montjuïc, a la izquierda, tomó contacto visual y carnal con el sol que se deslizó sobre el mediterráneo hasta detenerse detrás del parking de cruceros más congregado de Europa en tiempos de verano.

A la derecha están los nichos del cementerio que vistos desde aquí parecen las gradas de un anfiteatro que al fundirse en color y trazos con la roca recuerda el anfiteatro romano de Tarragona.

El frío adicional hace que suba la ventanilla del coche que he bajado antes. Un atasco leve, diario y constante al incorporarme a la carretera de Castelldefeld (C 32) hace que me detenga y mire al cielo por inercia de buscar más luz.

Más que luz encuentro trazos largos, blancos y continuados de aviones que molestan a los vecinos de la costa del Garraf cercanos al aeropuerto, en cambio, a mí esos trazos me recuerdan Milán, París, Bruselas, Florencia, Roma... viajes que he hecho, nostalgia salvaje.

Me gusta saber que no conozco Oslo. Me gusta que allí haya barcos vikingos que tengan más de mil años y un museo con esta memoria que demuestra que la memoria de los mares y el sueño no tienen propiedad alguna de esas rayas de humo tal vez aterricen en Oslo.

Desde la carretera antes de tomar el desvió para entrar a la vía secundaria que me lleva a la empresa, veo que esta forma un paisaje visual primario para quien llega en avión a la ciudad junto a la fábrica Estrella Damm y Chicles Trident.

Suerte que la barrera del parking está alzada, miro a la izquierda y veo al grupo habitual fiel al tabaco tullidos de invierno generando humo parecido al que acabo de ver en el cielo y sin volar... Alba, Nury, Oriol (que dejó el tabaco, pero no el café de la máquina no sabe que morirá con solo 46 años) Jordi y Amaia. Imagino que hacen quinielas de quien se queda y a quien despiden.

La tensión entre los trabajadores cada vez que la empresa anuncia despidos va subiendo de nivel sin que nadie se dé cuenta. Cada uno mira con lupa el trabajo de los otros, cada uno, más o menos laborioso está seguro que es más importante que aquel, por el simple hecho de que quedarse sin trabajo es más estrés que nada, aunque mucha gente que le pasa, termina reciclándose maravillosamente.

No obstante, todos se convierten en el enemigo de todos, nadie está a salvo de ser juzgado, y quien les hace la pelota a los jefes es más pelota, y los que se escaquean intentan pasar de perfil, estar en la lista es otro estado de ánimo y todos lo saben. Todos viven en sus cuentas bancarias el sablazo de las facturas, y lo que significa no tener para alimentar ese sable.

> *Nunca sabremos quién forjó la palabra*
> *para el intervalo de la sombra*
> J. L. Borges

La reunión del comité de empresa para informar a los trabajadores empezará a las tres menos cuarto dentro de la hora de comida.

Sigo el ritual de entrar al Stocks como cada día. No he dicho que soy especialista B de almacén (un alma-zen) donde se guardan del polvo alrededor de treinta mil vestidos de novia que cosen costureras chinas al otro lado del mundo. Que aquí solo revisan y revisan con esmero unos controles de calidad exhaustivos para dar la sensación de que las prendas sean lo más europeas posibles. Es un engaño masivo pues todos saben dónde fueron hechas en su totalidad, como otras marcas de bolsos, o ropa de uso diario, pero toda la clientela europea se deja engañar, tras mirar la etiqueta y ver que no dice china, sino su marca de moda, en realidad la metáfora donde solo fue diseñada y no creada.

Pero hay días que mi trabajo cambia de sección y me pasan a complementos: (cada vestido de novia puede venderse hasta con diecisiete complementos diferentes: boleros, tiaras, bragas, brazaletes, guantes, tul, zapatos, sujetadores, pendientes, velos.

Aquí tengo que revisar (control de calidad) los paking list y contar los artículos para ver si están completos y se ajustan a la lista con los artículos, que viene de Kowloon, en Hong Kong, China.

En algunas cajas a veces aparecen elementos que no están relacionados con el dialogo empresarial. Si no, que son signos de la vida de quienes allí fabrican el bienestar a low cost (bajo costo) de los de aquí.

De todas las cosas que encuentro en las cajas, lo que más me sorprende por su constancia es el hallazgo de cabellos negros en los velos. Quizás porque los velos en su mayoría son blancos o marfil y hacen un contraste muy evidente con el cabello.

El velo es esencial en la tradición de casamiento en Europa. El uso del velo se remonta a los griegos y romanos de la antigüedad, quienes lo usaban para ahuyentar los espíritus malignos y demonios, pensaban que una mujer con velo estaba protegida de estos seres.

Me sorprende esta forma de enviar señales desde China. Los cabellos guardan tanta información en forma de ADN, como un brazo o una pierna, dejarlos dentro de un velo es una forma de viajar un cuerpo pidiendo auxilio hasta el otro lado del mundo.

El ajuste del cabello negro dentro del velo blanco óptico, hechiza la mirada bajo el plástico en que viene envuelto. Algunos forman una L y me hace pensar que la obrera se llama Lin Wai, otra pienso que puede ser de su hija menor Wei Hui que le ayuda, y que entre las dos cobran en un día, lo que el receptor del envío cobra en una hora.

Esos cabellos que alguna vez fueron miembros de un todo. Pasan a mejor vida, que la vida que los generó. Pues quien paga hasta seis mil euros por el vestido y sus complementos, puede confundir sus cabellos, sino es rubia, con el que vino ilegal dentro de un velo, y este cabello de china con su ADN, a veces hasta recibe arroz lanzado en la Catedral de Barcelona o en la Plaza del Sol, en Sevilla, en Londres, o New York. Un casamiento impensable para una virgen asiática que ayuda a su madre en la fábrica.

Alba Marina, el día después del pago nominal tiene el rostro con la misma tristeza que Lin y su hija, todas emulando la herida que trasciende de los blues que cantaba Billie Holiday y que ahora Madelaine Peyroux nos los recuerda con esa canción que escribió Charlie Chaplin, *Smille...* nos dice a todos que pongamos una sonrisa aun cuando tengamos el corazón a punto de estallar.

Ni Lin, ni Alba están de acuerdo con lo que ganan, pero aceptan la vida que ambas le ha tocado según el contexto. Las dos son prisioneras de una sociedad, aunque sean diferentes, la mercancía las iguala, y en este caso, además, el capital de la misma empresa.

La depresión por no ganar en consecuencia por lo que trabajas y te dejas la piel, también puede ser la consecuencia de una confrontación con nuestro lado oscuro, un equivalente contemporáneo de la noche oscura del alma de la que hablan los místicos en otras épocas. La necesidad interna de descender al mundo subterráneo puede ser postergada por multitud de causas, como una jornada laboral muy larga, las distracciones o los antidepresivos que sofocan nuestra desesperación. En cualquiera de estos casos el verdadero objetivo de la melancolía escapa de nuestra comprensión de estas obreras que expresan su disconformidad en su rostro.

Encontrar la sombra nos obliga a ralentizar el paso de nuestra vida, escuchar las evidencias que nos proporciona el cuerpo y concedernos el tiempo necesario para poder estar solos y digerir los crípticos mensajes procedentes del mundo interior que nos gobierna, puede ser difícil.

Alba, no obstante, acaba de cumplir treinta años y tiene ilusión de comenzar a vivir su propia vida, hasta ahora parece que solo ha vivido en la senda y los referentes que le han marcado sus padres, esto la ha llevado lentamente a la iniciación de la decadencia personal, que ella visualiza como aburrimiento.

Primero trabajando ocho años en uno de los bares que tenía el padre en Gavá sin cotizar en la seguridad social, luego no haciendo nada que normalmente rompa con la armonía moral que tienen ensayada la familia. Hay muchos momentos que quizás no hubiese ido alguna que otra vez a Puente Genil, Córdoba; pueblo donde nacieron sus padres, pero nunca dijo no.

Todo parecía normal en su rutina y vida hasta que después de cumplir esta cifra ha decidido comenzar una liberación tranquila, y contrario a todo pronóstico ha comenzado a tatuarse un dragón que le coge casi media espalda. El dragón es mitológico y lleva varios colores, se lo están tejiendo (tatuando) en la piel en varias sesiones por el tamaño y los colores.

En la mitología europea, un dragón es una criatura legendaria con características de serpiente. El concepto moderno del dragón europeo es de una criatura capaz de expulsar fuego, con alas, grande, con cuatro patas, y con cuernos. Muchas historias modernas representan a los dragones como seres extremadamente inteligentes, capaces de hablar y, algunas veces, asociados con grandes magias y hechizos. El dragón es también la personificación del concepto del yang (masculino) y está relacionado con el tiempo como propiciador de la lluvia y el agua en general. Así mismo, los dragones europeos clásicos protegen una caverna llena de oro y tesoros; por lo general siempre hay un caballero de un reino que intenta eliminar a la bestia, y salvar una princesa. ¿Querrá Alba que otro caballero que no sea su pareja la salve del dragón y la libere?

Cuando lo muestra en uno de los pasillos de complementos, lleno de bragas de marfil y beige, tiene un brillo en los ojos que recuerda el resplandor de la llama que cada dragón lleva dentro. Incluso no se cercioró antes de que el encargado de esta área estuviese fumando en el váter (está prohibido hacerlo en toda la empresa) que tiene impregnado de tanto olor a tabaco negro y fuerte, que al entrar los fumadores pasivos nos tira hacia atrás.

Por otro lado, ha pasado de ser invitada a las cenas laborales a organizarlas. Ya le da igual que su pareja siga cada domingo y sábado en la tontería del fútbol y las cenas con sus amigos, ella teje sus propios planes.

Para cerciorarme le pregunto: - ¿Tu madre sabe del tattoo? –¡No!, me responde, y se ríe. Agrega, -Dará el grito en el cielo, pero me da igual.

No le digo que quizás se alegre, al saber que su hija comienza a despojarse de todo lo que no elija ella misma. Virginia Wolf escribió nada ocurre hasta que no lo escribes. Virginia no tuvo frase alguna para cuando la escritura fuera un grito en forma de dragón tatuado en el cuerpo. La cultura china, si tiene respuesta simbólica para este acto. Ellos piensan que este infunde respeto y distancia a través de la imagen.

Es curioso la influencia de la literatura. Sé que Alba ha leído los dos libros de Carlos Ruiz Zafón sobre Barcelona. En ambos hay una obsesión desmedida con señalar los dragones que abundan en la ciudad condal. Quizás porque el propio Zafón en el calendario chino es dragón. Alba que a pesar de hablar catalán ha vivido una vida con la nostalgia andaluza de sus padres, marca un punto y aparte con este dragón que están en la génesis misma de la ciudad y tiene su festividad más notable en el mito de San Jordi.

No hablaré de la piel de su torso bajo aquella camiseta negra para que su ruptura del muro de Berlín personal no quede en un segundo plano. Pero la sensualidad del dragón ascendente con las mandíbulas abiertas en el nacimiento del pecho derecho, y el final de la lengua muy cerca del pezón que no vi, daría continuidad a otro texto.

Una hora más tarde Alba se mostraba serena en la reunión. A pesar de que tenía un piso en la playa y un terreno comprado, o sea, dos hipotecas, quizás sabía que el padre tenía una doble deuda con ella, y en caso de agudizar su situación acudiría a su rescate.

Si miro los dramas de Alba Marina con los ojos de Lin Wai parecería que los problemas de algunas obreras de occidente, fueran tribulaciones de pijos.

Lin y sus amigas trabajan más de 12 horas diarias, sin descanso semanal o trabajan 48 horas seguidas. El salario mínimo garantizado, se fija en China en cada unidad administrativa (equivalente a provincia), oscilando entre 300 Y (yuanes) y unos 650 Y mensuales (entre 30 y 65 €uros). En las empresas aún estatales del textil-confección en la zona de Guangzhou, la retribución era de unos 750 Y (75 €). La mayoría de trabajadoras de estas fábricas son de otras provincias a miles de kilómetros.

Casi todas las fábricas tienen las cantinas junto a las instalaciones de producción. Por la comida pagan mensualmente entre 25 y 75 Y (de 2,5 a 7,5 € al mes), aunque la cantidad más frecuente es de 55. Así como los dormitorios donde se alojan la totalidad de sus empleados, también la mayoría de los jefes medios y directivos.

Los dormitorios son habitaciones de unos 3 por 8 metros, en las que pueden instalarse hasta 10 o 12 literas, de las que en general se ocupan de 8 a 10, con una terracita cubierta de 3 x 1,5 metros, en la que se encuentra una ducha en un rincón pagan entre 10 Y (1 €) y 100 Y (10 €) al mes. Datos publicados por el Consell de treball econòmic i social de Catalunya en el libro "Jornada sobre les economies emergents asiàtiques i nosaltres". Generalitat de Catalunya, abril 2007.

Alba y Lin trabajan para generar ilusión en un cuerpo de mujer que el día que se ponga su traje y sus complementos tendrá una fe en el futuro que, por ahora a ellas, solo les genera dudas.

Mi duda es no saber cómo la sombra de una sobre la otra llega a trasmitir y edificar desasosiego a tanta distancia a través un cabello, y a su vez ambas no contaminen la ilusión de la novia.

Marie -Louise von Franz ha insinuado que el mecanismo de la proyección de una sombra de una persona sobre otra a tanta distancia se, asemeja al hecho de disparar una flecha mágica. Si el receptor tiene un punto débil como para recibir la proyección la flecha da en el blanco(...) Nuestra sombra personal constituye una parte del inconsciente que complementa al ego y que representa aquellas características que nuestra personalidad consciente no desea reconocer y, consecuentemente, repudia, olvida y destierra a las profundidades de su psiquismo sólo para reencontrarse nuevamente más tarde en los enfrentamientos desagradables con los demás.

CAPÍTULO 2. La Bestia.

Aquí te dejo otra historia de mi gran amigo Carlos Chen

Mi nombre es Carlos Chen soy de Guatemala.

Me es grato contar y compartir con ustedes un poco de mi historia, siempre me he considerado una persona emprendedora, en el año 1999 tuve mi primer negocio, no logre acreditar por varios factores para no contarlo todo te diré uno de ellos.

Por la mala administración de la política en mi país. Súmale a eso la envidia, claro entiendo que fue una experiencia de aprendizaje, pero como buen soñador no me detuve y en el 2008 volví a introducirme en el emprendimiento de los negocios, desde esa fecha hasta hoy en día puedo decir me siento feliz de nunca darme por vencido y le doy gracias a Dios, he logrado acreditar una pequeña cadena de negocios todos relacionados a productos de panadería.

10 años después de haber iniciado el negocio, en el año 2018 por circunstancias de la vida tome una decisión de emigrar hacia los Estados Unidos el país de las oportunidades, fue una difícil decisión y complicada debido a que dentro de esa decisión estaba involucrada mi hija Doris Chen que a su corta edad 11 años, la estaba separando de sus hermanos y de su mamá y sobre todo el riesgo que corría nuestras vidas el cruzar cada una de las fronteras desde nuestro país de origen hasta llegar al país de las oportunidades.

En nuestro caminar nos fue muy difícil debido a que cuando llegamos a las oficinas de migración lo primero que nos pidieron si teníamos a alguien que nos iba a recibir y nos pidieron información de la persona que nos recibiría en este país, pero a la hora de realizar las llamadas telefónicas que se le hacían a la persona ya no había respuesta, allí para mí fue un momento difícil y sentí que estaba en una encrucijada.

Se me vino el mundo encima si no solucionaba eso implicaría quedar un largo tiempo allí y fueron momentos decisivos, si buscar opciones para avanzar o regresar al país de origen.

Como siempre he sido una persona positiva entonces busqué opciones y llamé a alguien más y gracias a una persona que nos extendió la mano para sacarnos del problema que nos encontrábamos y logramos llegar bien y hoy estamos en el país de las oportunidades.

Les puedo decir con toda seguridad y certeza que no todos emigramos a este país por necesidad económica, pero si ya que estamos en este país que nos abrió las puertas, me he propuesto a aprovechar todas las oportunidades que pueda y que lleguen a mi vida y que el tiempo que podamos estar aquí seamos parte del cambio y del desarrollo del país.

Desde que entramos a México empezó el riesgo de nuestras vidas debido a que veníamos guiados por personas que para poder aguantar el manejar un día, dos días, nos dábamos cuenta que ellos consumían drogas, lo difícil de vivir esos momentos como también el llegar en los lugares donde nos permitían descansar un momento recuerdo que todos nos sentamos al suelo y ahí mismo nos recostamos; recuerdo que llegamos a un rancho estuvimos ahí por cinco horas después de descansar continuamos el viaje subimos a un coche muy incómodo por cierto, yo preocupado porque nos fuéramos a separar con mi hija Doris. Y saber tantas historias, de otros emigrantes que han pasado por toda clase de experiencias negativas.

Pude corroborar una de ellas, porqué el chofer o sea la persona que nos iba a llevar de ahí a otro lugar tenía armas y a mí eso no me dio buena espina. Ya todos estábamos dentro del vehículo y él dijo ¡¡mis bebés!! ¡¡mis bebes!! Con afán de desesperación parecía que se le acababa el aire y balbuceó, yo no puedo vivir sin mis bebés.

Salió corriendo y cuando regresó venía con armas de alto calibre según él eran sus bebés.

¡Qué peligro nos exponemos como emigrantes! y yo con mi hija allí sentí un poco de desesperación. Dije en mis adentros qué necesidad tengo de arriesgarlo todo. Si yo tengo mi negocio, allá. Pero bueno! Este es parte del proceso de nuestro caminar hasta llegar a las oficinas de migración. No demoramos mucho en las oficinas y corralon de emigración estadounidense.

En el caso de nosotros solo estuvimos treinta y ocho horas; quizás fue rápido nuestro proceso pero no es el caso de muchas personas que estaban ahí; padres con sus hijas o hijos que me contaban que ya llevaban algunos un mes, y otros dos meses y hasta tres meses

    esperando ser procesados.

Nos damos cuenta lo difícil que es llegar hasta este país, todo lo que tenemos que pasar y vivir todo por buscar una vida mejor y un futuro mejor para nuestra familia, sin embargo ya estando en este país a muchos se nos olvida todo ese proceso y caemos en vicios de alcohol o quizás en otras cosas que no nos permite avanzar por lo que venimos pero en el caso mío me he enfocado a trabajar y madrugar por ese sueño he venido a este país, y estoy aprovechando las oportunidades que este país me brinda. No sé cuál fue tu proceso, lo único que puedo decir que si ya estás aquí es hora de hacer algo por tu vida. Y por tu familia Carlos Chen e hija Doris.

Esta es parte de mi historia te la iré relatando poco a poco.

Moisés

Cuando decidí emigrar, a Estados Unidos de América, de hecho emigre tres veces: una a los quince años de edad era prácticamente un niño, la segunda vez a los diecisiete años de edad, seguía siendo un niño y la última a los veinte años de edad. Cada una de estas etapas tiene su propia historia, te la iré relatando. En el camino, conforme vamos avanzando en el libro. La última vez llegue aquí a los Estados Unidos de América en el 2004 estaba prematuro atentado yihadista a las Torres Gemelas (2001), y en Estados Unidos en ese entonces les estaba otorgando el *tps* un permiso de trabajo a los hondureños.

Pero bueno volviendo atrás a la historia, cuando decidí emigrar fui consciente que dejaría todo atrás. Sabía que quizá nunca los volvería a ver, hablo de mis seres queridos, yo vivía con mi mamá y mi hermana la menor cuando me vine a Estados Unidos de América y pasó que estando acá mi madre falleció. Dolió, a muchos nos pasa esa tragedia simplemente por venir a buscar ese famoso sueño americano, entendí que al emprender ese camino podía pasarme de todo, uno es consciente de eso pero puede más las ganas de tener éxito que el mismo riesgo.

Uno de los riesgos que tuve en el camino fue que fuimos asaltados por cinco hombres en bicicletas. Recuerdo que éramos como veinte personas que nos fuimos conociendo en el camino, esto fue en la travesía pasando el Estado de Oaxaca, antes de llegar a Ciudad México, recuerdo que íbamos caminando por una brecha rodeando la ciudad para no llamar la atención cuando llegamos a una casa donde era una hacienda pequeña.

Nos regalaron algo de comer y algo de beber, descansamos allí una hora y después de descansar continuamos el viaje a pie por esa brecha así que solo lo que se veía a ambos lados del camino era monte pero antes de eso vimos algunos hombres que llegaron a trabajar allí a esa casa a cuidar de las vacas. No les prestamos mucha atención. Nunca pensamos ser víctimas de asalto por esta gente eran campesinos, se veían nobles trabajadores pero nos persiguieron escuchamos gritos -¡Ey!!! -¡Deténgase! -¡Ey!!!

Deténgase somos nosotros los trabajadores les queremos dar algo para que lleven algo de tomar... La verdad no creímos y corrimos y nos escondimos. De repente escuchamos un sollozo de alguien. Y dijo ayúdenme, luego gritaron ellos salgan, sino matamos a esta mujer, habían tomado una mujer como rehén. Salimos y cada uno de ellos tenía escopetas cortas. Nos hicieron que nos tiráramos boca abajo. Y empezaron a revisarnos se llevaron todo el dinero que teníamos, nos pusieron las escopetas en la cabeza, y nos amenazaban con matarnos, vivimos un momento en cámara lenta, fue una eternidad sinceramente ellos eran cinco, tres revisando y dos apuntando a las mujeres.

Cuando se fueron nos dijeron que nos quedáramos allí un rato mientras ellos se iban y si no hacíamos caso iban a regresar a matarnos.

Allí sacamos conclusiones que les habían dicho. Que fueran allí, y que ellos no eran trabajadores de ese sitio; ¿cuánta gente habrá vivido este tipo de eventos?

Recuerdo que cuando alguien me entrevistó por mi primer libro *Haz que el viento sople a tu favor y vive una vida abundante*. Que por cierto te invito a que lo leas. La entrevistadora, me pregunto sobre mi viaje, que si no me había pasado algo fuerte, algo malo, yo le dije que no me había pasado nada tan negativo, como a otros emigrantes.

Dije esto conociendo otras historias de otros migrantes que sufrieron cosas terribles (muertes o violaciones) mejor seguiré con mi historia la primera vez que emigre como te dije, tenía quince años de edad, lo hice por emoción y conocer otros países en esa ocasión el viaje no fue tan difícil en Guatemala, pero cuando llegué a México todo fue distinto, me tenía que esconder mucho, pero avance y llegué a Chiapas México, llegue a un pueblo Tuxtla Gutiérrez Chiapas, México allí alguien medio posada por una noche y al amanecer seguí avanzando. Pero cuando se me terminó el dinero no había forma de continuar. Y dije qué haré cómo continuar si no hay dinero decidí regresar pero sin dinero como podía hacerlo decidí buscar trabajo, pero no me daban trabajo porque literalmente era un niño. Tomé la decisión de pedir aventones pero no me daban aventón.

Decidí subirme a los autobuses como cualquier pasajero. Cuando me cobraban se daban cuenta que no tenía dinero y me bajaban y así me la pasé varias veces como una semana para llegar a la frontera México y Guatemala.

En Guatemala lo mismo pasó, caminé mucho de regreso a mi país Honduras y no caminé rumbo a México, ¿extraño verdad? Eso me pasó porque solamente era un niño y llegué a Honduras pensando que no regresaré más.

¿Y tú qué crees? Pasaron dos años y allí estaba de regreso tratando de llegar a Estados Unidos, en esta ocasión viví en Tabasco, México por seis meses en un lugar llamado villa Chontalpa trabaje en cítricos de limón, recuerdo que nos daban unas mallas para ponerlas en los brazos y la primera vez se me olvidé ponérmelas salí tan lastimado el primer día porque lo que se hacía allí era cortar limón y se tenía que meter adentro del árbol o abajo del árbol los árboles de limón tienen muchas espinas ya cuando se acabó la temporada del corte de limón decidí continuar.

Y la emigración Mexicana me detuvo y me deportaron nuevamente a mi país de origen, Honduras y años después intenté nuevamente cruzar y con la ayuda de Dios, logré cruzar.

La Bestia

Aquí te dejaré una de tantas historias: Le llamaremos William emigrante hondureño.

Decidí emigrar a Estados Unidos de América, viajé por la pobreza extrema en la que me encontraba. El año 2014 para ser exacto, pase por Guatemala y en Guatemala con dinero puedes pasar sin ningún problema, pero llegando a México todo cambia, la ley mexicana es más estricta. Por eso en México tomé la decisión de tomar el tren de carga llamado la bestia, para poder viajar y evadir las leyes mexicanas, y de esta forma pasar desapercibido de las leyes mexicanas.

Pero no imaginaba que la bestia me cambiaría la vida para siempre. La bestia es un tren imponente, con carácter, da escalofríos solo con verlo, y saber que ha cobrado miles y miles de vidas.

Un tren de carga repito con carácter, al ver esa máquina cualquiera se asombra. Un monstruo de acero, llega alcanzar unas velocidades muy altas, extremas, allí se sufre como emigrante, el doble del camino que has dejado atrás.

Realmente la bestia me empezó a cambiar la vida, desde que me subí en ella. Vi tantas desgracias, cosas extremas, asaltos, accidentes sangrientos no pensando que me podía pasar lo mismo a mí, gente que se caía y gente que se quedaba abandonada por amistades y familiares. Ya en México, un centroamericano se considera indocumentado ciento por ciento y creo que no es justo, porque somos los mismos latinos mestizos hijos de los aztecas, y mayas, que son nuestros ancestros y antepasados, pero como México es el país que está en medio de Centroamérica y Estado Unidos.

Esa es la razón por la cual nos detienen y nos persiguen en México. Los soldados son los que nos persiguen más con más potencia, creo y considero que somos más perseguidos en México que en Estados Unidos y eso nos lleva a tomar más riesgos y subirnos en la bestia.

Y allí en la bestia pase mucho frío y hambre, llegué a viajar quince días consecutivos en la bestia, no más bajábamos cuando paraba a cargar y a descargar en los puntos específicos, allí aprovechaba a pedir algo para comer, llenar el bote con agua, y vamos de nuevo a subirnos a la bestia.

Muchas noches llovía y un plástico cubría el agua, pero no el frío. Varias veces lloré amargamente pensando en mi familia que se quedaba atrás y no sabía si los volvería a ver, y me arrodille pidiendo mucho a Dios y le pedí fuerzas para poder seguir la trayectoria, que en sí ya era difícil y ahora pensaba yo que tan difícil se pondrá en el camino así adelante.

Cuando empecé a sentir la travesía muy dura fue ya entrando a San Luis Potosí, México (pasada la capital), ya había más riesgos como emigrante. Allí se ven secuestros de migrantes vulnerables, que de cierta forma son engañados. Con la ilusión de trabajar un tiempo allí mientras se recuperan del viaje. Yo pensé en quedarme a trabajar allí. Pero vi que eran personas extrañas que no se mostraban con confianza. Dije buscaré a alguien que me ayude. Porque ya venía sumamente cansado desgastado sin energía pero a pesar de la oferta que me hicieron yo tomé la decisión de seguir adelante con el viaje, era consciente que habían más riesgos, la mente me dijo ya eres consciente y allí me resigné a pasar lo peor incluso morir, pero jamás rendirme, no quería rendirme, aunque en ocasiones si quería rendirme por lo que veía.

Vi de todo un poco. Como la policía golpeaba a migrantes, recuerdo que en el Estado de San Luis Potosí, México me tocó caminar unos días y vi muchos cadáveres en la orilla del tren. Algunas personas no estaban completas, eran pedazos lo que había y todo eso me traumo.

La gente muere por distintas cosas por deshidratación y algunos vienen enfermos desde su país y pues obviamente, no aguantan la travesía. Cruzar México es todo un reto.

Vi personas agonizando porque el tren les amputó las piernas, y todo eso me afecto nunca pensé que podría pasarme a mí. A pesar de todo eso no me rendí y seguí adelante. En recordar la pobreza que vivía en mi país.

Ya llegando a Torreón México pasa lo inesperado, me accidenté en el tren. Me caí y el tren me arrolló a sí adentro y me cortó las dos piernas. Sí así como estás leyendo, el tren despedazó mis piernas y me arrepentí de haber agarrado ese tren. Si no lo hubiera agarrado no me hubiera pasado esto. Me dije a mi mismo. Pero no sabía todavía la magnitud del problema pensé que era algo leve pero en realidad cuando me di cuenta, que no tenía piernas y que perdía mucha sangre, ya la mente no me respondía. Se me empezó a poner en blanco y la vista borrosa, creí que iba a morir literal vi la muerte. Yo solo quería estar bien, solo eso, esto nunca se me va a quitar de la mente, fueron quince minutos de agonía, vi que ya no era sangre lo que salía de mis piernas. Ya era más líquido cristalino como que fuera agua y allí me di cuenta que estaba muriendo. Las fuerzas se fueron de mi cuerpo y lo que quería era descansar y dormir. Pero una persona me abrazó por el pecho sentado atrás de mí y me decía no te duermas tu puedes campeón, tú vas a vivir no te duermas, vamos, vamos, vamos, y me pegaba cachetadas, yo estaba acostado en el pecho de él y me decía no te duermas, eres un guerrero. Allí me di cuenta que en México hay mucha gente buena de un gran corazón. Y él es mexicano me decía Dios no te va a dejar solo aquí está Dios contigo.

Pero no aguante lo último que vi fue mis venas estiradas como que fueran espaguetis, me dormí y creí que había muerto, y entré en un sueño me vi en una montaña y caminaba para arriba de la montaña y llegué a un lugar nublado era un valle muy grande y vi más despegado y bonito me cambio todo me sentí feliz todo el dolor se había ido.

Vi a alguien a lo lejos estaba vestido con túnica y vi más personas y vi que se nubló nuevamente y vi oscuro se acercaron a mí y me veían y empecé a caminar más lentamente de repente sentí que alguien me agarró y me hizo para atrás pero no logré ver la persona y allí fue cuando desperté quince días después del accidente en un hospital después tuve sueños con mi mamá que me decía que cuando iba a regresar.

Estos sueños fueron porque me daban convulsiones ósea que estaba muy grave estaba agonizando cuando ya mejore más me di cuenta que estaba en un cuarto privado de un hospital. Y me pregunté que estoy haciendo aquí si yo iba para Estados Unidos no recordaba lo de mis piernas estaba envuelto como momia porque tenía mi cuerpo muy golpeado, tenía collarín y para entonces no sabía lo de mis piernas. Cuando ya me recupere mentalmente me di cuenta que no tenía piernas y allí pasé a otro proceso psicológico.

La recuperación física más la psicológica no fue fácil. Y lo peor que las heridas de la primera operación se infectaron y tuvieron que operar nuevamente fui amputado tres veces, la amputación del tren y dos amputaciones médicas.

Pasé el proceso de tres meses quince días en el hospital. Pasé navidad en el hospital recordé todo lo que había visto con los demás emigrantes que el tren también los había amputado. Fue muy duro para mí.

Me dolía tanto el cuerpo era como que los nervios están tan dolidos sentía electricidad y que dolía por la sensibilidad de los nervios no me podía rozar ni la sábana de la cama porque dolía mucho todo el cuerpo para alimentarse lo hacían a través de sondas la verdad que pase navidad en el hospital fue y ha sido la navidad más triste que he pasado una porque estaba solo, otra porque sentía que el tren me pasaba nuevamente en el cuerpo del dolor que sentía tenía el 90% de mi cuerpo estaba golpeado. De hecho todavía siento sensación en el cuerpo como que se adormece y pues las piernas si se pueden llamar piernas lo que me queda de mis extremidades se me adormecen. Este accidente me sucedió en el 2014 y pues a este tiempo ya voy a empezar a asimilarlo es un trauma muy grande físicamente y psicológicamente.

Pues hoy es 4 de agosto del 2022 ya hace 8 años de este accidente. Hoy voy aprendiendo muchas cosas nuevas y ya el enfoque no está en mi situación de incapacidad sino en lograr mis sueños a pesar de cómo me encuentre sé que lo puedo lograr.

Porque ya vivo en Estados Unidos de América. Como emigrante mi consejo para los emigrantes de todo el mundo principalmente a los que viven en Estados Unidos que valoren de estar en un país avanzado porque estar aquí en un país como este no se trata de suerte si no es una bendición que Dios que le da a uno porque no todos tenemos el privilegio de llegar cómo queremos porque muchos mueren en el camino, pues esta es mi segunda vez que viajo y ya vine con prótesis de igual manera en el tren la bestia pero con más sabiduría y pues con más precaución y la razón porque la que volví es por algo muy grande, porque la primera vez me impulsaba venir a ganar dinero para hacer mi casa pero ya esta vez me impulsaba algo más fuerte. Y tú dirás, bueno él no aprendió la lección ¿cómo se le ocurre volver sin piernas?

Bueno aquí te diré porque uno decide venir nuevamente, fue porque quiero comprar unas prótesis que sean inteligentes y se puedan controlar con el cerebro, porque mi sueño es volver a correr bueno me tiré al río bravo así con prótesis pero antes de eso conocí a una familia de 4 personas a la orilla del río, cruce el río y pasé tres días allí al otro lado mi situación física no me detuvo y esto que el río estaba crecido, habían más personas que dudaban pasar y al ver que este muchacho sin piernas lo hizo se animaron ellos y allí empezó la caminata entre el sol y el calor se acabó el agua y las prótesis se me dañaron y me lastimaron las piernas sufrí mucho allí me atrapó emigración y pues tuve que esperar a que se me curaran las piernas pues pasé el procesó con emigración y pues acá estamos en USA.

En el río murió la familia que había conocido se ahogó y yo escuche los gritos desgarradores y eso todavía lo traigo en mi cabeza duele sí, pero no pude hacer nada, el siguiente día vi por las noticias que era una familia nicaragüense, dos niños y los padres están en las noticias yo le pedí muchas veces a Dios que me diera fuerzas para seguir adelante en ese camino escuche muchas cosas sobre natural silbidos caballos corriendo gente llorando muchas cosas sobrenatural, camine quince horas con prótesis, sinceramente es duro yo le digo a la gente que mejor que no se venga que luche en su país porque la verdad es muy riesgoso y que el emigrante que vive en USA que aproveche las oportunidades la verdad Dios me ayudó mucho en México me ayudaron la gente que vive a la orilla del tren nos dan agua comida y eso le ayuda a uno para avanzar. Sé que la vida del emigrante es muy dura pero esa es la forma que uno opta para poder avanzar en la vida y tener una vida digna una vida mejor. Y lo más triste es qué son muchos los que se quedan en el camino, yo me tocó caminar quince horas sin parar con mis prótesis, me espine mi cuerpo y me caí muchas veces caía de boca.

Me rompí mi boca sangraba, fue muy difícil caminar rápido con mis prótesis cuando se me acabó el agua pues lo que hice fue ir recogiendo botellas que tenían poquitos de agua y de esa manera poder avanzar solamente me mojaba la boca para no deshidratarme.

Aquí en Estados Unidos me tocó agarrar el tren nuevamente, emigración allí fue donde me agarró y pues se arreglaron las cosas y pues como digo aquí estoy en USA. Y pues a empezar de cero. Con mi vida.

La siguiente historia cambiará tu forma de ver la vida.

El recorrido que los emigrantes latinoamericanos pasamos, para llegar a Estados Unidos de Norteamérica, es un recorrido como para ganarse un premio olímpico. ¿Por qué?

Porque el recorrido primero lo hacemos mentalmente donde nos despojamos de todo, no hay tiempo para emociones, entendiendo que desde que sales de tu tierra. Mueres tú y mueren todos tus seres queridos que se quedaron atrás metafóricamente, porque el 60% de los que emigramos no volvemos a ver a la familia más cercana quizá. Y si mueren literalmente, tanto los emigrantes como los que se quedan, entonces eso ya tiene que venir en la mente de cada emigrante y de los que se quedan. Resignarse y eso encierra muchos pensamientos negativos. Y muchas emociones, pensar que eres culpable y saber que por tener una vida mejor haces que tu vida sea peor. Porque claro llegan pensamientos de egoísmo. ¿Por qué uno emigra y los demás que...? Siguen allá los que quedan vivos sin esperanza alguna si su ser querido murió en el camino o dentro de Estados Unidos. Pero si no pasa eso y sigue el emigrante vivo ya trabajando viene la presión social o familiar. Porque te conviertes en una esperanza para ellos.

Es decir, la vida del emigrante se vive a tope y esa es la razón de escribir este libro, porque tenemos que tener razones fuertes para destacar aunque estemos en un país extranjero. No podemos parar necesitamos tener éxito, en toda su plenitud y en toda su expansión a lo que te puedas imaginar positivamente.

Una historia más de un emigrante hondureño el narra esta historia:

Mi nombre es Óscar Hernández originario del departamento de Copán Honduras; nací en un pueblo humilde y muy trabajador, pero las oportunidades son muy pocas en mi pueblo: esa fue la razón de tomar una gran decisión de aventurarse a emigrar a Estados Unidos, gracias a Dios en el trayecto acá no me pasó un accidente grave como lo que me sucedió ya establecido dentro de Estados Unidos.

Actualmente vivo en Carolina del Norte. Bueno prosigo a contarte en estas líneas te cuento un poco de mi historia. En el 2012, como muchos tuve que emigrar a este gran país; el país de las oportunidades; sin saber algo que el destino tenía preparado para mi vida, intente hacer muchos trabajos, fui lavaplatos, cocinero, etc.

Y hasta que un empleo que llegó marcó mi vida, ese empleo llegó en el año 2017 para ser exacto. Un amigo tenía una pequeña compañía de remodelación; y me invito a que formara parte de su grupo de trabajadores, donde como buen hispano también invite a tres de mis hermanos a que trabajamos con él.

Llevábamos algunos meses trabajando, todo en orden, todo marchaba muy bien; hasta que un día viernes 7 de julio del 2017 recuerdo que pasaron cuatro días de haber llegado de una conferencia educativa, me levanté como cualquier día normal de trabajo; tome mi herramienta, empaque mi lonche y me fui; ese día teníamos que quitarle toda la madera vieja a un complejo de apartamentos; llegamos con toda la actitud por qué el fin de semana anterior había visto y escuchado oradores internacionales que nos compartieron principios de éxito; toda la mañana estuvo normal salimos a lonche a las doce del mediodía, almorcé unos frijoles con huevo y queso, también leí 30 minutos de un libro que había adquirido el fin de semana anterior y no podía faltar una pequeña siesta.

Sin pensar que ese día, mi vida daría un giro de trescientos sesenta grados. Cuando ya todos nos pusimos activos para volver al trabajo, mi hermano me dice; ¿Oscar puedes subirte al techo para que le quites la madera vieja a esa chimenea? Yo contesté afirmativamente. Y me subí, después de eso no volví a saber nada de mí, ni de mi familia. A los quince días me desperté en el hospital del centro de Charlotte, North Carolina. Me horrorice cuándo vi mi estómago con heridas muy grandes, de la operación que me habían hecho, quince días atrás.

Mis dos manos estaban enyesadas, por las fracturas que tenía, casi deshechas estaban. También mi mandíbula, también tenía un agujero en mi espalda y otro a un lado de mi estómago. Donde me habían colocado una sonda para defecar Cuando empecé a tener conciencia no entendía qué había pasado.

Hasta que mi familia me dijo que había tenido un accidente gravísimo. Te caíste de tres pisos treintaicinco pies; me dijeron.

Con asombro y dijeron que fue un milagro el que estuviera vivo. Cuando ya habían transcurrido veinte días en el hospital, me empezó a dar mucha hambre y pedía comida y agua a gritos y una enfermera principiante me llevó ¡comida! Sin saber cuál sería el peor error. Comí tres bocados de puré de papa, y caí en coma, por haber comido. Rápidamente entraron los doctores, me llevaron al quirófano de nuevo para abrir y limpiar nuevamente para salvar mi vida. En esa recaída que tuve, los doctores no le daban ninguna esperanza a mi familia de que yo viviera.

Se me había explotado mi intestino grueso y la comida se revolvió con mi sangre sin embargo seguí luchando por mi vida. Estuve casi tres meses en el hospital hasta que por fin llegó el día de que los doctores me dieran de alta, cuando salí del hospital me sentía alguien nuevo disfrutaba todo.

    El aire, las plantas y todo lo que veía me acuerdo que hasta disfrutaba como daban vuelta las llantas de los carros; a menudo cuando alguien me pregunta qué es lo más bonito que me ha pasado en la vida, siempre contesto rápidamente. LO MÁS HERMOSO QUE ME A PASADO EN LA VIDA ES VOLVER A NACER A MIS 23 AÑOS DE EDAD. Actualmente tengo 29 y sigo fuerte como un roble. Con algunas cicatrices que marcan mi cuerpo, de las cuales me siento orgulloso porque puedo ver que tan grande es mi padre Dios ,que me dio una oportunidad más de vida!!

    A ti joven y no tan joven, va dirigido este mensaje; aprovecha las oportunidades; aprovecha tu tiempo; a mis 23 yo me sentía invencible andaba en una vida de fiestas mujeres y borracheras sin embargo, ¡Dios tenía un plan para mi vida!

¡Hoy en día tengo un negocio donde me dedico a ayudar a más personas a construirse como mejores seres humanos y también a que puedan tener seguridad financiera!

Si estás pasando por un reto ya sea de salud, financiero, o de familia; nunca te rindas todo es temporal no más persiste y ten fe.

Espero que mi historia pueda aportar un granito de arena a tu vida y decidas no rendirte nunca ante cualquier circunstancia que estés pasando con mucho cariño ¡¡Óscar Hernández!! Prosigo; Recuerdo bien mi proceso de recuperación tenía tantos pensamientos en mi mente; y lo que más me preocupaba era, cómo voy a poder vivir de aquí en adelante por qué los médicos me diagnosticaron muchas partes de mi cuerpo con un 50% de funcionalidad incluyendo mis manos.

Me preguntaba a menudo ¿por qué me pasó esto a mí? En algún momento quise caer en depresión!! Pero compense a conectarme más con Dios y a través de su palabra y algunos libros que ya estaba leyendo, me llevaron a la siguiente pregunta que era; ¿para qué a mí? En eso estaba cuando un amigo me comenzó hablar de una oportunidad que él estaba desarrollando y me dijo que me podía interesar también. Fue ahí donde llegó la pregunta para que a mí empecé a desarrollar mi propio negoció de redes de mercadeo y a fortalecer mi mente diariamente con libros de actitud mental positiva y a escuchar conferencias grabadas todos los días. También empecé a asistir muy a menudo a conferencias de crecimiento personal, éxito y mi vida comenzó a cambiar a un grado que desde el 2020, no le trabajo a un ¡¡patrón!!

Hoy me considero una persona exitosa porque tengo a Dios en mi corazón, tengo a mi familia y tengo mi propio negocio.

No me considero millonario pero ya no hay necesidad como en un momento.

Tú qué eres inmigrante en este país te digo con toda seguridad y certeza; el sueño americano aún sigue vivo no más hay que buscar una oportunidad diferente cómo la que me llegó a mi cuando me sentía ¡sin esperanza! Nuevamente Te saluda Oscar Hernández.

Perdido en el exilio

¿En qué ciudad se está cuando amanece y la nostalgia te hace pensar en tu país de origen? ¿Qué ciudad no se parece a la ciudad de la memoria cuando el sol se levanta?

Escucho un MP3 que grabé hace un año. No comencé a vivir en la calle Rabassa, en Barcelona cuando llegué al barrio; antes vivía en el *carrer Grassot*, que más bien es un pasaje de doscientos metros, que pertenece al barrio, pero no tiene la misma gracia de ese barrio. No obstante, guarda para la historia de la ciudad, un crimen con el cual me obsesioné durante varios años y hasta quise escribir una novela con mi versión. El asesinato de María del Carmen Broto Buil de solo treinta y un año en la calle Legalidad con Alegre de Dalt, a manos de Jesús Navarro hijo, asesino entrelazado con la alta burguesía catalana de la época. Asunto por el cual Marsé escribió su novela *Si te dicen que Caí*.

Esa parte del barrio de Grácia del Paseo San Joan, a la Sagrada Familia por encima de la Diagonal y por debajo de Pi Maragall, es una Gracia nula, sobre todo las esquinas por donde uno pasa y busca las torres de la Sagrada Familia de Gaudí y no las ve. Caminar sin ver las torres en esa parte del barrio uno se siente demasiado perdido.

Un amigo que estuvo en Nueva York después del 11-S, me explicó que para los que tenían como referencia las torres, perderlas de vista les daba una sensación de vacío. Yo en la calle Grassot solía hacer la compra en un supermercado que estaba cerca de la Sagrada, pero sin verla, esa frustración me hacía arrastrar el carro de la compra con más rabia que la habitual.

También viví en la *calle Martí esquina Alegre de Dalt* como puente a Rabassa donde terminé de nacer en Gràcia. Esos primeros pasos hicieron que me quedara lo más cerca posible.

No fue fácil conseguir un piso en este barrio, lograrlo fue una bendición, que se ve tocada de luz, en cada una de las plazas, de la primavera al verano.

Un tema de Bela Fleck, que se pone de forma aleatoria me recoloca en Barcelona. Luego Cad Calloway desborda aún más esta tranquila realidad. Los que llegan como yo este domingo a la Plaza Rovira y Trías, urbanista que preside la plaza sentado eternamente de bronce en uno de los bancos de mármol, sentirán este raro amanecer con bochorno, y que amenaza con tener durante el día más de 35 grados Celsius, que antes para mi eran habituales en la vieja y coqueta Habana. En el momento en que escribo Habana, suena en el MP3 un danzón, azar que demuestra que tecnología de los listados aleatorios y espíritu es lo mismo, los tópicos también.

Son las 7:30 y la mujer que vende en el quiosco, comienza a colocar la prensa. Borges decía que quien ordena una biblioteca ejerce el oficio de la crítica. Un estante, es de hecho, la trayectoria cultural de quien allí coloca las ideas que lo han hecho construir el mundo que le rodea. Lo curioso, es que la mayoría de los libros que esta chica vende, no serán abiertos por ella jamás, por lo que entre sus manos acaricia cada día un saber que se irá con otro.

La vendedora, no sé si ha leído a Borges, pero hace lo mismo. A su izquierda coloca la prensa más de izquierda: *El Periódico de Cataluña* y *Andorra* y *El País*, más al centro derecha *La Vanguardia, AVUI y El Punto*, y a su extrema derecha sitúa casi escondidos *ABC, La Razón y El Mundo*.

La dependienta del quiosco tiene que tener mucho cuidado en colocar todo el tinglado de cartones con libros, copas, jarras, balones de fútbol desinflados, camisetas, jarros, cubiertos, y muchos libros (algunos enciclopédicos) y sedes que vienen de oferta en diferentes kits de periódicos o solos.

El quiosco actual, ha dejado su función de venta solo de periódicos informativos para ejercer de venta de múltiples objetos que se han quedado despreciados en las tiendas convencionales o hipermercados, y han salido a la calle a buscar su posible comprador.

Cuando leo que las grandes superficies les han ganado la batalla a los pequeños establecimientos, pienso que es mentira, con los kioscos se demuestra que esto no es cierto. En realidad, las multinacionales del libro, la cerámica, la música y otros, han tenido que rediseñar nuevas pequeñas tiendas de barrios a través de los quioscos porque el comprador se siente aplastado en las grandes superficies.

Hay un hombre de mi edad en el otro asiento, es evidente que ha dormido en la calle. Se lava, lo que queda de su rostro después del mal dormir, en la pica de la esquina. Saca un paquete de servilletas de su mochila y se seca cuidadosamente las mejillas sin afeitar, con el esmero que se pone cuando uno se va a enfrentar a otra realidad. Lo único que no legitima este suceso, es la falta de intimidad, al hacerlo público lo prostituye con mi mirada y me convierte en voyeur, lo que soy. Hace como quien quiere marcharse, pero se queda absorto sin saber dónde dirigirse al estar todas las cafeterías de la plaza cerradas. Opta por un banco cercano a la pica y protegido por un árbol, lo miro y no se define si es un desempleado, si es un ocupa, o si es alguien que se da el lujo de tener la libertad que quiere quizás porque nadie le espera. La soledad tiene mucha culpa en los abandonos. Lo miro y hasta lo envidio al creer que tiene la libertad de saber lo que quiere y lo hace.

Al cambiar de banco, la clase social del banco anterior que ocupaba, cambia. Ahora un catalán progre lee *El Periódico de Catalunya*, en catalán, además, de tener doblado al lado como plato fuerte, *El País Dominical*, del cual no abre ni una página mientras lee con atención el otro. Antes de comenzar un rito que seguro repite cada domingo, se coloca las gafas con el mismo cuidado que antes él ocupa anterior se secó el rostro incómodo de sueño.

Tiene la letra K de la enciclopedia que viene en el kit, y no se puede resistir a hojear primero. Yo pienso que casualmente caerá en Kafka por deformación personal, un Kafka que no vivió en tiempos del euro y que quizás como muchos otros compatriotas suyos, quizás viviría en una de estas plazas del barrio, en una ciudad que está de moda en la zona euro, Barcelona, como en su época lo estuvo América, la que no pisó nunca, pero sí escribió y recreó a través de las noticias en periódicos en checo.

La camisa azul de lino del lector de enciclopedias, su reloj de diseño con correa de cuero, advierten las formas de galán conquistador y pagador holgado de las facturas de su piso. Estos elementos externos delatan la seguridad de tener un contrato indefinido y una vida estable con o sin familia.

Todos nos confabulamos para mirar a una chica que se baja de un coche nuevo y se dirige al quiosco por tabaco. La chica es un eclipse de luz en la plaza, que hasta este momento desafinaba con tres hombres sentados y la del kiosco, que se convierte más anónima detrás del mostrador y la rabia que da trabajar cuando los demás descansan.

La aparecida, seguro es de la zona, se descubre, al mirar con precisión de relojería y nostalgia leve, el estanco de tabaco cerrado por ser festivo, donde sus cigarrillos serían más baratos. En ese instante pienso en lo mejor que tenía ser dependiente de un estanco, ver las caras de chicas bellas *adolescentarias* que no tocaría, al encender un cigarrillo con el desespero habitual que da la sed del humo. Luego la mirada cómplice de quien le ha dado un placer. Yo tenía ese poder de alivios, o vendedor de placer de luto.

La muchacha no lo mira, me gustaría escribir: lo ignora, a pesar de él tiene el pelo cortado por un profesional que seguro conoce el sitio donde irá a pasar sus vacaciones, lugar que ha elegido con seis meses de antelación para que nada le sorprenda en su mundo diseñado a la medida del contrato de catorce pagas, una extra de beneficios y otra de absentismo. Se corta el pelo con el profesional cada quince días para que su reflejo en el retrovisor le sea plácido y con la ilusión de que, en situaciones como esta, sea el elegido.

La chica, o el ángel, ni se da cuenta que él existe, lleva demasiadas horas sin dormir, quizás en un after, para mirar a alguien que ha ocupado su tiempo en planchar una prenda de lino, y le preocupa el mundo de tal manera que necesita comprar dos periódicos y estar siempre atento a todas las letras de un castellano que le toca lejos, ella que nació y se crió en catalán, y se resiste a sacar el DNI porque está en castellano, es indepe, y le gusta serlo y exhibirlo como identidad de su grupo social.

En cambio, me mira a mí, no creo que con morbo, sino por lo exótico de ver a un negro en una Plaza en Gràcia antes de las ocho de la mañana escribiendo en un cuaderno de notas verde. Si fuera ella, también mirara el color.

Sólo así el lector de la prensa me mira con asombro, con cara de circunstancia y sorpresa. No me gusta sentirme descubierto, es como estar desnudo, me gusta leer la realidad sin que lo note, por eso giró el rostro y lo olvido, de mentira, teatralmente.

La del quiosco ya terminó de colocar, le basta con mirar atentamente los titulares de su izquierda, no se molesta en ver el interior en uve y vaginal que ofrece información en sus paredes blandas, sabe que la fragilidad de la prensa es casi virginal, si se toca demasiado el lector de prensa advierte rápido caricias ajenas y ya no la compra, por eso se mantiene distante, y deja que cada lector elija, en un sírvase usted democrático por las tendencias de la prensa. El quiosco refleja la pluralidad de ideas con que vive este país desde su arribo a la democracia.

Decido que he visto demasiado y me levanto para sorpresa del hombre de lino azul que alza la vista y me ve pasar por su lado con actitud desafiante y soberbia con el orgullo crecido por la nómina.

El ángel ya desapareció, pero queda el silencio de su estela en el ambiente, esa huella táctil que dejan los cuerpos hechos para mirar y sentir después del sudor natural y los olores externos de la carne.

Por la misma deformación que me hizo creer que el lector eligió Kafka, ahora solo pienso en los versos de Rilke, ¿Cómo son las noches para los que no duermen? Todo ángel es terrible.

Camino lento por la calle *Providencia*, no porque quiera, sino porque el amanecer en solitario lo disfruto de una forma especial. Luego bajó a la calle de *L Encarnación* donde pasa el mini bus 114, que como el 116 ayudan a trasladarse por el barrio con una habilidad notable y te hace olvidar sus pendientes que cuando estás cansados se antojan grotescas. Posiblemente esta calle interior de Gràcia tiene la mayor cantidad de casas modernistas ajardinadas en plan modesto, aunque otras no tan modestas, como las dos casas de la esquina *Providencia con Montmany*. Una por un cierre de madera y cristal en la fachada que da transparencia de caja de cristal, la otra por las columnas romanas abalaustradas.

Antes de llegar a la Plaza de la Virreina, la misma calle cambia, y se renombra a sí misma L´Or.

En la Plaza de la Virreina, ya son las ocho. No hay nada abierto y se desvanece mi ilusión del cruasán con café con leche, equiparable a mi tostada con aceite, y café con leche, en Sevilla. Dos formas que definen bien la diferencia de estas dos regiones de España que en mi memoria se unen para definir un desayuno.

Mi cabreo desaparece cuando pienso que cuando caminaba solo por el malecón habanero y veía el amanecer, tampoco desayunaba. El ayuno da una luz interior que alimenta, Neruda decía que *el hambre era un incendio frío*. Incluso escribe mejor con el desayuno simple de la mirada en las mañanas, la salida del sol es de culto y ayuna desde los egipcios.

El limpiador del ayuntamiento vestido de verde fosforescente y con letras mayúsculas NETA-BCN, echa agua con una manguera amarilla y casi cincuenta palomas toman agua y se refrescan, ellas no tienen el problema del aseo y desayuno con restos de la noche movida de esta plaza, que reparte sus restos por la cercanía de los bancos y la escalera de la iglesia. El aseo de las palomas me recuerda al sin hogar de la Plaza Rovira, su relación silenciosa con el agua que lo termina de sacar de un sueño o pesadilla de estar entre las miradas de la gente que no eligió.

Virreina, no es la mejor plaza de Grácia, pero la paz que tiene al contar con dos vías peatonales de acceso y una sola vía de autos frente a la fachada de la iglesia de San Joan, le da un encanto peculiar.

Hay palomas que beben o están inclinadas con el buche apoyado en el suelo. La mayoría rumorea algo en esa tertulia de cotilleo sobre un charco alrededor de un árbol, donde entran y salen del agua con disciplina, y diría incluso, por tiempos establecidos, más que un charco parece un gimnasio, más exactamente el jacuzzi del mismo, donde solo están dentro todos los que caben con la espalda recostada en todo su borde interior, y no entra otro hasta que no sale alguno de los privilegiados por un chorro directamente en sus vértebras.

En los balcones de esta plaza la queja vecinal se hace sentir a través de posters informativos.... GRÀCIA VOL DESCANS Y A GRÁCIA NO FACIS SOROLL-SOROLL + SALUT. Algunos incluso, tieden fotos de vecinos a todo color, o modelos en colores que parecen vecinos Benetton, lo que demuestra que el diseño en esta ciudad no se deja al azar.

Uno de ellos me recuerda el rostro del hombre de nóminas de la otra plaza. Con la diferencia de que el del cartel tiene la fuerza interior y el orgullo del otro, el durmiente de la plaza.

Bajo andando hasta el metro amarillo en Joanic, y antes de que me entere estoy en la próxima parada.

Son las ocho y un sol de agosto tímido da directamente a toda la fachada de la Navidad de la Sagrada Familia de Gaudí, yo y muchas palomas (juraría que algunas son las misma que antes se aseaban en la Plaza de la Virreina) somos los únicos testigos de este evento, ellas sobrevolando y yo sentado en la avenida que homenajea al arquitecto.

Desde las torres de la Sagrada otras palomas se despiertan dejándose caer con la propia inercia del peso de plumas; desde esa altura, no le es necesario volar y planean en zip zap como mis ideas sobre la ciudad.

Justo cuando el sol ya cubre toda la fachada, una adolescente muy asiática pasa con un amigo. Los cabellos con mechas rojas le caen en la frente dando el mismo impacto que el sol en la fachada del futuro templo que eterno se construye a sí mismo... Su cara es la misma que la fachada de la Navidad. Enigmática, indescifrable y de una belleza que siempre parece un regalo ajeno, un tesoro que no voy a explorar, pero me gusta que exista. No sé en qué idioma se comunica con el chico que la acompaña, cantón, pekinés o catalán mandarín, yo escucho en ese instante a la californiana Patricia Barber, en una espléndida versión de *Like my fire,* The Door, y la luz del amanecer se confunde con el fuego.

La china y el otro llegan hasta mí para pedirme fuego, llevan un porro que han ido haciendo mientras andaban, hablaban o reían. Ella me mira imponiendo con disciplina una distancia entre su rostro y mi vida, que su belleza adolescente hace dolorosa. Ambos rostros, de cerca, se advierte que han pasado la noche despiertos, pero eso más que afearlos, le da un dramatismo leve que los hace mayores. Se asombran de que no tenga fuego y se van. Al darse la vuelta, el chico trata de aliviar este inconveniente con un beso de labios, simultaneo con una palmada suave en las pompis, que lleva las bragas de amarillo con rojo intenso por fuera, hecho que es habitual por esta época. Se alejan y me viene a la mente un verso francés de un poema… aun cuando el ave camina, se nota que tiene alas.

En ese momento decido ver otros amaneceres y voy en el metro lila (línea 2) hasta las Ramblas… Deben ser sobre las nueve de la mañana cuando llegue a las Ramblas, y me sorprende que no sean las Ramblas que conozco, sino un escenario donde todo está a punto de suceder. Una atmósfera donde un escritor camina sobre su suelo hecho olas que anuncian al mar no muy lejos.

Las flores a esta hora son ya las flores, como las chicas que han pasado la noche pendientes del sol, lejos de la cama, que no recuerdan seguro a Reina María Rilke ni su verso que ya cité, pero que es una referente natural y reiterativo.

Las mujeres al amanecer siempre son una sorpresa. No diría que tienen el rostro cansado, el pétalo no se cansa nunca, cansada está la pintura que desvela su impotencia de no poder amanecer eréctil sobre estos cutis lisos. La manera de reírse y contar complicidades, contrasta con el rostro de algunos que harán dentro de muy poco de estatuas humanas y van preparando sus atrezos sin saber cómo les irá el día. Da igual que esa risa sea consecuencia de un porro o una pastilla, lo importante es que hace más humana las flores frescas de las ramblas, al ser risas de otros países y otros idiomas que no me molesto en comprender, ni en saber. La risa cuando es luz, no debe interpretarse.

Hay un arco sin nombre en las ramblas, muy cerca a la entrada oficial del

Mercat de la Boquería, pudiera decir que es una entrada pobre, menor, pero faltaría a la verdad. Ya que sus columnas dóricas de más de seis metros le dan una majestuosidad poco habitual, y me recuerdan una entrada similar al antiguo edificio de correos Plaza de Armas en la Habana Vieja, aunque ahora no recuerdo bien, si era, correos o la casa oficial de los Capitanes Generales cuando éramos colonia.

No soy el mismo desde que vivo aquí. Llevo cinco años fuera del país, pero cada vez siento más que no suelo recordar como se dice una palabra, o el nombre de una calle o lugares por donde antes andaba. Tengo que concentrarme para recordar con precisión cómo se les decía a ciertas cosas. El castellano peninsular y el catalán, disuelven sin proponérselo mis palabras castellano-caribeñas. Un proceso que no tiene retorno y que advierto cada vez que llega un compatriota de visita con el fresco de la isla entre sus manos me avergüenza.

Disolución infinita se aplica en un laboratorio a una sustancia que químicamente puede afectar, o sea, contaminar a otra más simple. Pero esa disolución vertida por el caño se contagia tanto de otras sustancias desconocidas en su largo recorrido por el túnel que no siempre la lleva al mar, que se vuelve noble, deja de ser peligrosa, se adapta al medio de tal manera que deja de dolerle la realidad que se le impone y pasa a ser como el entorno.

Los emigrantes nos pasan un poco como a las sustancias químicas cuando vamos a ingresar al túnel que nos traslada al mar atlántico, el túnel se traduce literal en los tubos que conducen al avión, la disonancia con el entorno comienza cuando se habla inglés en un avión que vuela a París, uno habla castellano y la mayoría de los viajeros son alemanes. Contaminamos un entorno que en principio no es ajeno, con el tiempo, no buscamos los restos que nos quedan dentro para contaminar y comenzamos a vivir el entorno que se nos impone fácil y nos diluye en su rotunda realidad.

La primera vez que noté mi disolución finita, supongo que a la infinita llegaré mucho más tarde, fue cuando descubrí un banco diseñado al estilo Gaudí en el Paseo de Gràcia esquina con Gran Vía. Resulta que es el único banco que uno puede sentarse mientras espera el autobús 24 que me lleva a la Plaza Lesseps, plaza que tiene otra dimensión desde que supe que García Márquez vivió sus años barceloneses muy cerca, y me aventuro a pensar que conoce las mismas losas que he pisado.

Hay muchos bancos de mármol similares a mi hallazgo, ahora éste es el único que coincide con la parada de bus a fin a mi existencia en todo el paseo. Diluirse así es ganar en libertad, andar más ligero, existir con una rara tranquilidad, de ser un punto dentro de un plano de ciudad que comienzan a ser pasos de una nueva vida, exterior.

He amanecido hoy junto con la ciudad, he ido pegado con el sol como quitando un velo o desnudándola en su brillo y sus olores, he sentido antes que los verdes del ayuntamiento, el verdadero olor de la noche de sudor y orina de Grácia, la Sagrada Familia o las Ramblas, me diluyo en esta realidad que empieza a ser más personal que ajena.

CAPÍTULO 3. Valentina cuenta

Cuando decidí emigrar a Estados Unidos prácticamente era una niña tenía diecisiete años de edad; soy mexicana de Michoacán para ser exactos, en México trabajaba, de hecho trabajaba en una fábrica de empaque. Antes de emigrar a Estados Unidos.

Yo tenía este sueño de venir a Estados Unidos de América desde que tuve uso de razón, ese sueño se impregnó en mí. Porque veía a mis familiares que llegaban de Estados Unidos cada año a mi pueblo, y veía como ellos vestían y llevaban dinero, y eran felices. Y por consiguiente yo quería esa vida y dije el otro lado, en Estados Unidos es la solución.

Bueno se dio la oportunidad de que mi hermano y su esposa, mi cuñada, estaban en planes de viaje. Le dije a mi mamá que yo quería viajar con ellos. Y mi mamá dijo que sí, que podía irme a lograr mis sueños.

Una madrugada de abril en el 2003 emprendimos el viaje, pero un día antes sentí todas las emociones. Me sentí nerviosa y nostálgica sabiendo que quizá nunca más iba a volver a ver a mi mamá pero a la vez me sentía muy feliz porque estaba a punto de emprender un viaje con la idea de lograr ese sueño tan grande que había acogido en mi corazón desde mi niñez. Iba a viajar a Estados Unidos de América!! Estaba emocionada.

Llegó el momento de subirnos al autobús, ya llevaba unas horas en el autobús cuando de repente llegó un retén de los soldados mexicanos. Cuestionaron a todos los pasajeros a pesar de que éramos mexicanos.

Primer punto donde me sentí migrante en mi propio país. Pero con un costal lleno de sueños y claro en la maleta llevamos latas de atún y gorditas de trigo, que no podían faltar cuando llegamos a la frontera nos tocó caminar mucho se nos acabó los víveres porque fueron 72 horas, en fin tres días de caminata, pero una gordita de trigo me salvó la vida, la última para ser exactos.

Llegó un momento que ya no quería seguir porque me estaba desvaneciendo. Alguien me dio una pastilla, me drogo prácticamente. Empecé a ver alucinaciones, veía caballos corriendo.

Por la misma debilidad esos caballos que veía traían carrozas y corrían en círculos y después de allí nos tocó subir una montaña. Prácticamente gateando por lo empinada que estaba, logramos pasar por el proceso adecuado con las autoridades y nos dieron pase libre para llegar a USA.

Estando en mi sueño empezó la nostalgia. Extrañaba a mamá a los ocho días de estar aquí. En usa, luego empecé a trabajar de limpieza de hotel por el dia. Y por la noche limpiaba oficinas comencé una rutina interminable con dos trabajos.

Dure mucho tiempo haciendo esto. Hasta que un día llegó alguien a mi vida, obviamente años después, una bebe hermosa, me sentí tan feliz y sigo siendo feliz por mi princesa.

Un año y cuatro meses después que nació, tomé la decisión de regresar a mi pueblo a ver a mamá y que conociera a mi princesa. Así que me fui por carretera manejando un carro Chevy Cavalier. Este viaje fue en el 2008 el carro era año 96, era 12 años viejo, y así me atreví a manejar hasta mi querido Michoacán México.

¡Que valiente verdad, Una hazaña increíble! Una joven de 22 años de edad con una niña de 16 meses en el asiento de atrás del carro, emprende el viaje cinco años después a su querido pueblo, ¡29 horas y 1753 millas!

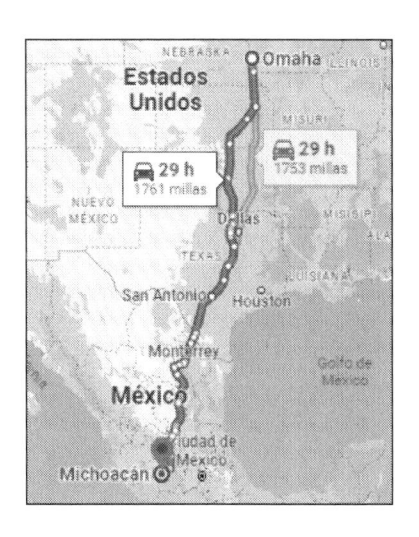

Un viaje muy largo desde el centro de Estados Unidos Omaha, Nebraska hasta Michoacán México en el mapa dice que es un día y cinco horas 29 horas pero yo tardé tres días para llegar. Bueno cuándo salí de Omaha, Nebraska salí en el día. Maneje 8 horas y en una área de descanso dormí 3 horas, el área de descanso es un área para usar el baño y dormir, eso en Estados Unidos es seguro.

Por eso lo hice en ese tiempo no había GPS, se usaba el mapa de papel, era más complicado. Descansé en Oklahoma City después de esas tres horas seguimos el viaje a Texas, allí pasó lo inesperado, se arruinó el aire acondicionado del automóvil.

Para mí bebé y para mí fue un martirio el calor, sufrí doble vez.1 por el calor que sentía y 2 el dolor en mi corazón por mi bebé que no paraba de llorar. Y la calmaba cantándole cuando le cantaba ella cantaba también con un gran sentimiento aunque no se le entendía, no cabe duda que las mujeres somos valientes más de lo que nosotras nos imaginamos. Porque está hazaña sinceramente me hizo crecer y madurar más, me expuse a muchos peligros a quedarme dormida y tener un grave accidente y morir las dos, pero Dios nos cuidó y seguimos adelante hasta el lugar donde arreglaron el aire acondicionado.

Luego seguimos el camino hasta entrar a México. Es maravilloso ver esas letras gigantes que dicen bienvenidos a México. Pero pasó lo inesperado, me perdí en la frontera, no fue mucho tiempo, quizá unos 10 minutos pero ya me estaba poniendo nerviosa.

Pero salí a la calle principal y seguí el viaje ya de la frontera de México a Michoacán todo fue tranquilo y llegamos al destino final, mi pueblo. Me dio nostalgia saber que había dejado ese pueblo sola y ahora regresaba acompañada con mi bebe hermosa pero en el pueblo no había cambiado nada en lo absoluto. Pero cuando vi a mamá lloré mucho igual que ella abrazadas.

Para no aburrir solo duré ocho meses en México, tomé la decisión de regresar con mi hija porque las comodidades que hay en USA, no las iba a tener en México, vi como mi nena sufría y eso me hizo regresar. Aquí vivimos actualmente, mi nena ya es una muchacha de 17 años y vivimos felices. Soñando, emprendiendo y trabajando duro para un futuro mejor.

Que Dios te bendiga lector de mi historia el objetivo de relatar mi historia, es que te ayude a enfocar a lo que quieras y no pierdas tu tiempo en el país de las oportunidades, Estados Unidos de América.

Valentina

En esta historia nos damos cuenta lo que Valentina tuvo que pasar, para darle un futuro mejor a su nena.

Bueno, el objetivo de relatar estas historias es que nos demos cuenta que hay personas con más necesidad, y más profundas que las que quizá nosotros no tenemos. Y quizá tenemos buenos miembros cuando hablo de miembros, hablo de brazos y piernas y aun así nos quejamos. Y no batallamos en lo absoluto, en la vida cotidiana, y con estas historias, te darás cuenta que no es gran cosa lo que nos pasa.

En ocasiones, la vida del emigrante sabemos que es de muchos retos, más en el país de las oportunidades o el país del sueño americano que es Estados Unidos de América.

La vida es muy acelerada y sinceramente se sufre en algunas cosas, no en todo, solamente en algunas cosas. Una de las cosas que se sufre y encierra a casi todos los emigrantes es estar lejos de sus seres queridos más en las fechas con relevancia como navidad, por ejemplo.

Sé que en Estados Unidos de América hay estados santuarios donde no molestan al migrante, esté con los documentos en regla o no los tenga en regla.

Se llaman santuarios porque tienen derecho igualmente que cualquier ciudadano americano. En este país es un país del consumismo y la diversión, es un país que te tira al piso, como también te puede levantar dependiendo de las decisiones que hagas. Un país de oportunidades, es un gran país.

Es un lugar donde el crédito tiene mucha importancia, se compra todo con crédito.

La verdad es que me encanta Estados Unidos para vivir, es un país donde respetan la vida, Respetan la vida ¿en qué sentido? en que si una personas se accidentó no importa sus estatus legal ni de donde es la persona. La emergencia llega porque llega. Y a tienden al ser humano por el simple hecho de salvar esa vida no importa si es un indigente o un ejecutivo. Si tiene dinero o no lo tienen. Entiendo que Estados Unidos está viviendo una ola de violencia que es Gigante, que por ese lado podemos ver como que no respeta la vida, pero pues eso ha venido pasando desde que la gente está altamente armada. Ha habido muchas masacres en escuelas, y tiendas, conciertos, y más. Pero a pesar de esa ola de violencia. Es más seguro para vivir que mi querido Honduras, donde hay gangas pandillas violentas a todo su esplendor. Es seguro para vivir aunque sé que algunos tienen otro concepto la policía es otorgadora en ocasiones con los emigrantes. Si no tiene licencia de conducir, solo le dan una multa y eso es todo. No en todos los Estados pero casi en todos. Pues somos 62 millones de Latinos que vivimos en USA en el año 2022, para de aquí al 2032 seremos casi los 100 millones de Latinos.

Somos una potencia latina dentro de Estados Unidos de América, producimos casi tres billones de dólares al año, si fuera un país seríamos la octava economía del mundo.

Así que si somos importantes, dentro de esta gran nación que nos dio la bienvenida. Pero tenemos un defecto enorme y es que no queremos educarnos, no queremos leer y aprender alguna nueva habilidad ni siquiera inglés. No generalizo, pero la mayoría y eso trae retraso en nuestra comunidad Latina. Avanzamos lentamente, creo que si nos esforzamos un poco más en nosotros mismos, podríamos mejorar como personas.

El impacto que hiciéramos sería mucho mayor. Que el actual. Si ya estamos aquí en este país pensemos como tal. Sigamos el ejemplo de otras culturas migrantes, que triunfan en este país a pasos agigantados.

Por ejemplo, la comunidad árabe en la ciudad donde yo vivo en Nashville, tienen casi todos los negocios, desde el producto Latino como lo que es la abarrotería, hasta negocios de concesionarios de carros, repuestos de carro y llantas.

Por ejemplo, te voy hablar de las tiendas de comida latina, los dueños son árabes. Allí venden tomate, aguacate, queso hondureño, salvadoreño, y aparte de eso se esfuerzan para aprender el español. Sabes, le ponen nombres Latinos a sus tiendas. Es curioso que una persona que no tiene todas la diversidad de plantas, fructíferas en su país. Haga negocios con los mismos productos que le pertenecen al Latino. Eso pasa por la falta de ánimo del Latino de educarse. En el área empresarial.

La realidad en Estados Unidos es que entre nosotros los latinos hay una rivalidad increíble. Nos da envidia que otro emigrante latino se supere cuando alguien destaca y sobresale adelante poniendo sus habilidades y su talento y sus destrezas , no falta alguien que empiece a hablar mal de esa persona y busca la forma de hacerle ver mal. Esa parte es la que tenemos que trabajar duro. Por ejemplo, en el mundo de la construcción en Estado Unidos hay un 27.3% de latinos que trabaja en la construcción este rubro está peleadísimo entre los latinos.

He visto casos y he escuchado otros donde entre los mismos latinos no se apoyan, una de las cosas son los precios, si mantuviéramos o manejaremos los precios a un mismo nivel, hubiese más oportunidad para todos y viviéramos mejor de lo que vivimos.

Doy gracias a Dios por darme la oportunidad de vivir en Estados Unidos de América. Me encanta este país. Es un país donde sí se habla de cosas negativas pero tiene más cosas positivas que negativas.

Aquí en Estados Unidos. La persona vale por ser persona no por su apariencia. En nuestros países es todo lo contrario como te ven te tratan. Por ejemplo, en Estados Unidos de América un policía puede andar tatuado y en pantalones cortos, y porque el ande así no pierde su autoridad. Y otra de las cosas que Estados Unidos tiene, es que una persona puede entrar a cualquier lugar con ropa de trabajo especialmente de construcción. Y no lo rechazan. Puede comer en el mejor restaurante, con su ropa de trabajo y lo atenderán con respeto. Como atiende al de tacuche y corbata. Estados Unidos es una gran nación donde hay oportunidades para todos.

Mi recomendación es que si estás pensando migrar a Estados Unidos de América no vengas con mentalidad de empleado. Si no ven con una mentalidad de empresario. Para que puedas dar un servicio mayor a la gente. Estados Unidos te recibirá con los brazos abiertos. Sé que hay cosas que no se apegan a nuestros estándares y beneficios, es como todo no todo es color de rosas. Pero se puede vivir con ello y avanzar, sabemos que no estará todo en bandeja de plata. Tenemos que poner mucho esfuerzo y dedicación. Pero vale la pena hacerlo. Me encanta Estados Unidos.

Gracias a que vivo acá en este gran país, este es mi segundo libro que escribo, mi primer libro se llama: *HAZ QUE EL VIENTO SOPLE A TUNFAVOR Y VIVE UNA VIDA ABUNDANTE* y he escrito con el afán y propósito de ayudarte a ti como emigrante.

Entonces es aquí donde vemos lo positivo de ser emigrante, ser emigrante es un orgullo. Porque vivimos y hacemos cosas grandes y positivas. Cómo no me voy a sentir orgulloso de ser emigrante, con dos libros escritos ya, te invito a que te des a conocer, poniendo tus habilidades al servicio de otros tu puedes.

Éste país es bello, conozco el 50% del país y he viajado mucho, conozco aproximadamente unos 35 estados de la nación.

Una de las cosas sorprendentes es que donde sea que vayas a Estados Unidos es la misma rutina, mismas profesiones, y oficios, lo único que cambia es el transporte.

Hay estados en los que el transporte es diferente, la gente se mueve en metro, tren o autobús y tener un carro se convierte en lujo en esos Estados donde el transporte es así.

Pero en la mayoría de la nación tener un carro es sumamente necesario, así sea un carro del año 1998 o un carro del año 2023. Tener un carro en Estado Unidos no sorprende a nadie a menos que sea un clásico un carro clásico no es muy común hablo de un carro del año 1969 Mustang, por ejemplo, este carro es un carro de mis sueños si alguien tiene un carro así sabe lo que quiere. Y no es muy común que cualquiera tenga una máquina de esas. No estoy diciendo que no haya gente que lo tenga solo que es muy raro ver uno en las calles porque ya tener un carro de esos ya no se convierte en una necesidad sino en un lujo. Entonces este país es tan bueno que incluso como emigrante puedes llegar a tener hasta esa clase de privilegios. Entiendo que algunos dirán pero ese no es el objetivo. Pero déjame decirte que si tienes un sueño no importa que sueño sea si trabajas por él lo conseguirás. Más aún si vives en Estados Unidos de América que es el país donde los sueños se hacen realidad.

Sé que no todos lo consiguen pero me he dado cuenta que los que no consiguen sus sueños son aquellos que se dan por vencidos fácilmente. Como emigrante te digo empieza a dar gracias por cada día de estadía en el país donde han emigrado, se positivo abre tu mente.

Si alguien te dice que hay una oportunidad de mejorar tu vida, no la rechaces de primeras. Mejor escucha con atención se respetuoso y analiza lo que te están diciendo y haz preguntas con respeto. Respeta a la otra persona. Para que te de la información correcta ve e infórmate donde te invite a ver esa información. Recuerda que somos emigrantes, y como emigrantes no deberíamos de ponernos reacios. Ante cualquier información a medias sin antes investigar, de la oportunidad. Si la oportunidad que te está brindado no es para ti, no significa que no funcione. Admira a esa persona que te hablo porque se atrevió hacerlo más aún si es un emigrante, eso significa que le anda echando muchas ganas a la vida y no está estancado esperando que todo se resuelva por arte de magia.

Digo esto porque todavía como emigrantes queremos que nos regalen todo, todavía no nos damos cuenta que vivimos en un país capitalista, donde todo se mueve por dinero. Te digo esto porque yo desarrollo un negocio empresarial de mercadeos en línea. Y cuando invitó a un Latino a una capacitación, o una charla dónde dan la información. Primero preguntan si es gratis la charla, y algunos atrevidos dicen que me van a pagar a mí por ir a escuchar.

No toman en cuenta que hay mucho trabajo detrás de ese evento e inversión de dinero. No entienden que hay un equipo trabajando antes de que empiece el evento. La pregunta sería cuánto cuesta la entrada al evento para nutrir mi mente.

Por eso si cambiamos la forma de pensar cambiaremos nuestro estilo de vida. Pero esa misma gente paga lo que sea por ir a ver a un artista que los maltrate con su letra de la canción y allí ellos felices.

Lo malo es que esa felicidad solo dura unas pocas horas. Pero si ellos aprenden a soñar y alimentan ese sueño y trabajan por él vivirán la mayor parte de su vida en entusiasmo constante, como emigrantes, es importante entender que realmente no tenemos tiempo que perder.

Es de suma importancia aprovechar el tiempo y hacer algo positivo por nuestras vidas y familiares para poder dejar un legado, que trascienda de generación a generación y que siempre seas recordado por ser una persona. Que nunca se dio por vencido, que se disciplinó y que no perdió el tiempo en fiestas bailes. En un país extranjero, sino que vino hacer cosas que destaquen y que pusieron su apellido en alto y su país. Demostremos que Dios nos ha hecho diferentes al resto del mundo y que con la ayuda de él podemos hacer grandes cosas, la vida es un balance, si te enfocas en una pura área no tendrás éxito completo tendrás éxito a medias.

Sé que hay momentos para recrearnos, pero si lo vamos hacer hay que hacerlo a lo grande, que si vas a gastar sea con tu esposa e hijos y con tus padres. No gastes tus fuerzas dinero con personas que no te valoran y que te inducen a lo malo, porque de esas personas hay millares. Si una persona te regala una corbata, un par de zapatos, una comida en ver de sustancias que dañan tu cuerpo, valóralas y cuídalas porque te aprecian y son amigos. Pero si es todo lo contrario lárgate aléjate, si tu emprendes y alguien te sigue es tu amigo sino te sigue no es. Porque los amigos se apoyan. Con palabras, con tiempo y con esfuerzo.

Un amigo no necesariamente tiene que apoyar con dinero, porque el dinero puede ser la causa de la ruptura de esa amistad. De hecho rechaza el dinero que sea regalado. Si tu no estas necesitando y si no es porque hay un momento especial, por qué ese dinero puede traer trampilla. De hecho al que más favores se le hacen está más comprometido.

Como emigrantes lo que ocupamos es apoyarnos con información pero buena información. Si tú sabes algo positivo compártelo. No te quedes callado para que otro avance. Ya si la persona no escucha, no sigas porque la misma biblia dice en Mateo 7- 6:

"que no desperdiciemos lo valioso que tengamos, en alguien que no valorará..."

En la biblia habla diferente, yo lo traduje para aquellos que se espantan por cualquier comentario. Mejor ve a la biblia y léelo por ti mismo. Si como emigrantes no nos dejamos guiar hay mucho orgullo y amargura todavía. Y podemos perder más, si no soltamos ese bagaje. Pero si lo soltamos todo será diferente.

Lo positivo de ser emigrante es que en E.U la calidad de vida, es sumamente superior a los países de origen de donde hayamos nacido. El cuidado a la persona es altísimo. Hay más dignidad a la humanidad y puedes expandir tus habilidades. Ponerte en modo servidor, puedes ser un supervisor, un gerente, un animador, un conferencista, un escritor, un pastor, un artista, un músico o pintor, puedes convertirte en un orador internacional. Un CEO, un inversionista, en fin, ¡que acá se puede! Si así lo quieres y lo deseas en tu corazón. Esa es una ventaja tremenda. Seamos positivos y sirvamos a los demás.

Todas esas profesiones se pueden ejercer acá porque hay audiencia para cada una de ellas. Contrario en nuestros países. Muchas veces se piensa en que vamos a comer en el día. Y la mente no te da para más. No generalizo pero me sucedió a mí, sinceramente como emigrantes tenemos más ventajas. A pesar de algunas limitaciones. Logramos mucho.

Así que ya dejemos de quejarnos. He conocido un sin número de gente, quejumbrosa, y he hablado con algunos de ellos. Les he hecho preguntas directamente ¿por qué te quejas? Y siempre están buscando culpables. Nunca ellos tienen la culpa de nada.

Cuando una persona es así, jamás pero jamás, mirará lo positivo de ser emigrante, pero si hace un cambio y piensa positivamente. Será el emigrante con más ánimo y entusiasmo que te imaginaras. Pero para eso. Tiene que cambiar de información.

Un emigrante que llegue a esta nación. Y sigue escuchando corridos que envenenan las mentes y sigue yendo a las Barras y Night Club. Siempre será un emigrante negativo quejumbroso. Porque no será una persona exitosa, y no será ejemplo para nadie. Por eso te invito a que seas un emigrante positivo.

Cuando uno sabe que muchos migrantes fracasan en el camino, así acá valora más, aquí te dejo esta historia el 27 de marzo en Chihuahua, México murieron 38 migrantes quemados.

En un recinto donde ellos estaban detenidos por emigración. Aunque ellos mismos le hayan prendido fuego a la cárcel. La ley tenía que rescatarlos pero los guardias no movieron ni un dedo para ayudar, ellos murieron ahora el Estado tiene que pagar ocho millones de pesos a cada familia. Aunque el dinero no les regresara a sus seres queridos, pero eso puede ayudar en algo.

Ahora reflexionemos si pudimos haber sido nosotros. Los que hayamos fracasado en esa travesía, pero no fue así, Dios nos dio una oportunidad de estar en este país estadounidense.

Pasan tantas cosas en esa travesía imaginables, como los Emigrantes la mayoría de orígenes guatemaltecos. Que murieron quemados en la frontera, de igual manera en un automóvil.

Pero ese fue un delito premeditado según las noticias. De igual manera en San Antonio Texas dejaron un tráiler abandonado, con muchos emigrantes dentro del vagón. Murieron 51 emigrantes, esto pasó el 27 de junio del 2022.

Sueños rotos y truncados, familias dolidas y tristeza a su paso queda por siempre en las mentes, cosa que no te sucedió quizás a ti. Si vemos todo eso que pasa y no nos pasó a nosotros estamos más que bendecidos.

Aprovechar la estadía en este país y hacer algo productivo. No importa a lo que te dediques, no importa tu oficio. Pero si importa cómo lo haces, si lo haces con amor y le pones positivismo lo harás excelente. Eso hablará muy bien de ti y de todos los emigrantes. Que no reneguemos por lo que tengas que hacer, hazlo como dice la biblia.

Colosenses 3:23 Y todo lo que hagáis; hacedlo de corazón, como para el Señor y no para los hombres; y eso aplica a TODO.

Si estás dispuesto a trabajar duro en tu ser interior. Todo lo que hagas lo harás con alegría. Porque compartes tu conocimiento, con otros y eso te dará más ánimos a ti y a otros. Porque todos somos un eslabón en la cadena de la vida, nadie puede tener nada si no está pegado al servicio de los demás en esa cadena. De la vida. Porque la sabiduría viene de Dios, pero el conocimiento viene de otro ser humano. Que ya aprendió aquello que te está enseñando tengamos esa disponibilidad de entender que nadie sabe nada por su cuenta siempre ocupamos ayuda de otro ser humano.

   Todo lo que tenemos alguien tuvo que vernos guiado. Más en un país extranjero. Necesitamos ser más guiados. Porque ocupamos constantemente que nos traduzcan el idioma que no entendemos. Eso a veces lo pasamos por alto y creemos que es algo sencillo. Pero esa traducción. Puede llevarte a la meta que estás deseando y trabajando. Para lograrlo, de hoy en adelante piensa quién te ha ayudado, quién te ha dado una información, quien te ha prestado algo de dinero, una herramienta, un automóvil un aventón. Así que si te das cuenta en el camino de la vida hay más gente involucrada. Para tener la vida que tienes.

Así que pásala para que esa cadena no se detenga y ayude a alguien más para que tenga esa influencia, y Continúe, y sea una marca Excelente y un legado. Y seguir inspirando a más personas, busca consejos y aplícalos. Porque si te puedes convertir en una persona con dinero, pero quizá miserable y carente de otras cosas en la vida. Siempre estarás solo si no compartes tu conocimiento. Con otros, si tienes un negocio enséñale a otro más para que ese servicio siga adelante. Porque tú no serás eterno y esa persona que enseñes siempre te recordará. Y eso te llevará a la grandeza. Siempre la humanidad se ha movido así adelante por todas las ideas de las mentes que las parieron. Todo servicio que uses en la vida. Han sido pensamientos e ideas que se convirtieron en materia. Si Estás usando. Un aparato electrónico en este momento estás usando una idea de alguien que se atrevió a sacarlo a la luz y materializarla.

Así que empieza a usar tu mente a usar esas ideas. Imagínate que los humanos pensamos entre 60,000 y 70,000 mil pensamientos al día y la mayoría son negativos y repetitivos. Pero apunta los positivos para poder tener una mina de pensamientos positivos, y llegar a ser tan positivos que podamos llevarlos a cabo. Y poder ver lo positivo de ser emigrantes. Es importante que apuntes aquellas ideas que crees que sean relevantes. Que pueden ayudar a un servicio a la humanidad, así tu puedes sacar y agrandar tu potencial. Será la mejor riqueza que tiene un ser humano. Porque eso es lo que va quedar aquí en la tierra cuando partas de aquí, lucha por lo que quieres.

Ya estás en un país donde todo se puede, si trabajas duro y buscas las coyunturas adecuadas que te den ese consejo. Creo que el ser humano no vino a esta tierra con el afán de acumular riqueza para sí mismo. Si no para adorar a Dios y servir a la humanidad, porque si se acumula riqueza para sí mismo la persona pierde el objetivo por el cual está luchando, al final pierde el sentido de la vida y se vuelve gris entonces es una persona rica en bienes pero pobre en su ser interior, y al final se pregunta ¿qué he hecho con mi vida?

Lo que pasó con esta persona que entró en un sueño profundo que se llama rutina. Y para salir de ese sueño se tiene que hacer una reprogramación grandísima. Y eso es lo que duele y por eso hay miles dormidos en la vida.

Solo esperan el fin de semana cada semana y eso es lo único que los motiva. Para auto engañarse. Se conforman con migajas de tiempo que al final no disfrutan. Y pasan los años y se les hace difícil atreverse a salir de allí. Buscan miles de excusas, para no hacerlo y prefieren quedarse en lo conocido. Aunque sea desgastante. Y se aferran a una vida mediocre, y usan estas palabras: ¡YO ESTOY BIEN!

Estas tres palabras son asesinas porque matan miles de sueños que nunca se concretarán en las páginas de la vida. Ni en las próximas generaciones. Un emigrante con un pensamiento así solo da vueltas en círculos, porque ellos creen que el concepto de ser exitoso es tener una buena casa, carros, del año dinero, todo eso es bueno y todos lo deseamos. Pero eso solo es la punta del éxito, ni siquiera es una cuarta parte del éxito. El éxito está dentro del hombre no afuera. Y eso encierra calma, paz y preparación mental o sea educación. Para poder adaptarnos a cualquier cosa que nos pase en la vida. Si alguien cree que es exitoso porque tiene riqueza económica, pues solo es cuestión de que lo pierda todo. Y allí sabrá si de verdad era exitoso o no. porque puede entrenar en una tristeza rotunda, Job el de la Biblia era exitoso, porque era un hombre de fe, lo perdió todo pero nunca cayó en depresión. Porque él sabía lo que tenía adentro de él.

Así que como emigrantes necesitamos apoyarnos unos con otros, para preparar futuras generaciones ya dejemos de tirarnos tanto entre nosotros mismos más bien apoyémonos, cuesta, sí claro que cuesta. Pero se puede, necesitamos hacer algo que trascienda la frontera.

Qué estás haciendo para ayudar a los demás, y no necesariamente ayudar a los demás es con dinero, eso no es solo es parte de ayuda. Pero, el dinero se gasta, y ocupan nuevamente. Pero una idea permanece, la amistad para alguien es más que suficiente para ayudarlos sabes porque se pasan momentos impresionantes que el dinero no compra porque sabes usar tu tiempo porque vale más una hora de tiempo conversando con un ser humano que gastar esa hora viendo televisión, cuando tienes una meta clara y un propósito en la vida no importara ver televisión no te importara el noticiero no te importara lo que piensen las personas negativas de ti seguirás ayudando a más personas incluso aquellos que estén reacios que no quieren y se oponen a ser influenciados por lo positivo.

Porque ellos saben que tienen que cambiar, y a eso le tienen miedo. Pero tú sigues llamándoles por teléfono si están lejos y visitándolos, para que se den cuenta que no eres lo que ellos creen, porque lo que ellos ven simplemente es su propio reflejo, porque los seres humanos somos como el proyector proyectamos lo que tenemos internamente. Somos como el eco todo regresa a nosotros. Por eso necesitamos avanzar. A pesar de las circunstancias.

La vida te pondrá de rodillas casi todo el tiempo, es más siempre por eso es importante estar capacitado para pasar ese valle. Y no dejar que eso nos deje tirados en la lona. Ese dolor será pasajero y solo será un recuerdo para poder avanzar. Lo único que las personas tenemos de valioso es el tiempo. Valoremos esa riqueza más aún como emigrantes siempre viendo lo positivo. La forma de valorar el tiempo es saber dónde lo estás gastando y dónde lo estás invirtiendo. Te darás cuenta de inmediato, si lo estás gastando, y cambias tu estrategia para no perder fuerzas en balde. Al escribir este libro yo invierto mi tiempo. Porque los seres humanos somos fáciles de distraernos pero eso es un robo de tiempo. Te lo roban fácilmente, si no estás capacitado y educado e informado. Pero si lo estás, son atributos que te motivan a salir de las distracciones pasajeras. La mayoría de las personas buscamos distraernos para evadir nuestras responsabilidades.

Realmente sabemos lo que tenemos que hacer pero no lo hacemos porque no queremos compromisos, entonces es más fácil adormecer la mente para olvidar el dolor por un momento. Pero eso solo es momentáneo, entonces por eso nos cuesta enfocarnos y te preguntas qué hago aquí dónde estoy y empiezas a examinar tu vida y hasta dónde has avanzado. Entonces empiezas a ser selectivo con tus compañeros y (amigos) y empiezas a ver si te aportan en la vida o te restan. Entonces evaluamos y verificamos si vamos progresando en la vida. Y te vas convirtiendo en referente para alguien más. Y vas logrando poco a poco tu sueño y cada sueño que logras sabes que ha habido un equilibrio y un equipo atrás y adelante y a los lados. Que van cambiando la forma de pensar y se dejan guiar porque te has convertido en un líder de referencia y maestro de acción no solo de palabra si no que actúas. Y dar ejemplo y dejar huella, Como emigrante.

Reunión de despidos en la fábrica de novias

Buenos días compañeras y compañeros!!!

(Si alguien de Comisiones Obreras tomara conciencia de lo odioso que es para personas que hemos vividos en regímenes socialistas la palabra "compañero" no las dijeran nunca)

Antes de empezar, os quiero presentar a Antonio Barbastro (Secretario General de Fiteqa...de CCOO (federación a la que pertenecemos por estar en el sector de la confección) del Baix Llobregat y a Ana Mª López Asesora de CCOO.

También me gustaría agradecer la asistencia a esta asamblea a todos y a todas. Esto últimos que se ha puesto de moda en la izquierda en su coqueteo con el feminismo en

España es otras aberraciones del lenguaje correcto que detesto.

Hemos querido hacer esta asamblea para informaros, de un tema tan importante como es la decisión de la compañía para despedir a compañeros nuestros. Y de qué manera hemos afrontado y negociado este tema.

Yolanda, la responsable de CC. OO, el sindicato mayoritario de la empresa, les hablaba así a casi doscientos trabajadores de la empresa en la última planta, justo en el departamento de corte y patronaje que iban a recortar o desaparecer de la estructura de la empresa; Cortés, Montse y Dolores entre otros miembros de la estructura sindical le arropaban…

El pasado día 13 de enero la dirección de empresa nos reunió para decirnos que debido a las bajadas de venta y por consiguiente bajadas de producción, tienen un excedente de personal y que querían llevar a cabo una serie de despidos objetivos,

¿Os preguntareis algunos que significan despidos objetivos? El despido objetivo significa que la empresa tiene la potestad de despedir a los trabajadores individualmente o colectivamente si llegase a cumplir con los requisitos de algunas de estas causas:

Ineptitud del trabajador

Falta de adaptación a las modificaciones

Absentismo laboral

O la necesidad de amortizar el puesto de trabajo, por motivos técnicos, organizativos y de producción, que esta sería la causa que ellos alegaran y por consiguiente se querían acoger para hacer que la indemnización fuera procedente a 20 días por año trabajado en un tope de 20 mensualidades.

Y para que lo entendáis mejor me pondré como ejemplo: si yo que llevo 20 años trabajando en la empresa me tienen que dar en un despido improcedente mi indemnización seria de 59.000 euros, pero con un despido objetivo mi indemnización sería tan solo de 24,000 euros,

Como veréis la diferencia es total.

Además, los trabajadores afectados por esta causa serian entre 14 y 16 y afectaría a dos departamentos en concreto. (Dos departamentos que en principio el comité de empresa no ha querido desvelar por motivos de Unidad

Entenderéis eso que dicen todos y todas, y que lo deberíamos de aplicar como lema ya que es verdad: LA UNION HACE LA FUERZA.

El macabro anuncio hacia el final terminaba diciendo que los que estaban más cerca del despido eran los eventuales (contratos temporales) y ETT.

Tuve la sensación de que de pronto todos los rostros que me rodeaban comenzaban a moverse en un borroso bullet times a lo Matrix. Esa extraña desaceleración del tiempo real que une la velocidad de lo que acontece, con las posibilidades que te deja pensar en fragmentos de segundos para poder salvarte de algo negativo que está demasiado cerca para evadir. No era el único, estaba rodeado de rostros cuyas superficies se fueron convirtiendo en abismos con ojos, narices y bocas... aunque trataban de mantener la forma de una noticia que desdibuja. Había un silencio ofensivo, demasiados diálogos con la memoria y el futuro de cada cual.

Cuentan que el director del Orfeo Catalá en una cena en el Palau de la Música en tiempos del franquismo, la policía le prohibió hablar en catalán, él estuvo varios minutos con la copa de cava alzada sin decir palabra alguna. La policía calificó el acto de silencio ofensivo, quizás porque se habló en silencio más que con palabras lo que era una insolencia.

Llevaba casi tres años trabajando aquí. La crisis económica ya había aterrizado de la tele y la radio a la vida real, o a mi vida real. Por primera vez me enfrentaba fuera de mi país a una crisis que me podía dejar en la calle y sin el rumbo habitual.

La crisis a quien ha nacido aquí le golpea de forma diferente. La red familiar le ampara de una hecatombe, a los emigrantes sin red de vida en la sangre nos lanza directamente al abismo el quedarnos sin empleo. No obstante, conozco bien o algo a quienes sí caerán en este primer corte y el haber buscado su independencia fuera de su casa natal les hace sentir el mismo dolor al quedarse vacíos y fuera de la nómina mensual en la cuenta bancaria.

Begoña, Oriol, Alba, Nury, Cádiz, Jordi miraron en algún momento y de forma escalada a Amaia que se encontraba distante al final de todos, sola muy cerca de Lucia, no junto a ella. Amaia sabía lo que todos pensaban: la candidata perfecta para la expulsión. No sabían ellos que nadie lleva mejor las cuentas de un contrato temporal que quien lo firma. Ella estaba segura de que no se iría a nuevamente a Bilbao. Quizás era el momento de dar el salto que deseaba desde hace un tiempo, su meta estaba en Dublín o Londres, al menos vivir un año allí le hacía mucha ilusión. Esto le daba un brillo a su rostro que casi era ofensivo para los demás. Quizás no saben que quien teje planes de futuro la realidad más cruda, más que tocarle a fondo con sus miserias solo les acaricia.

Se había planteado rehacer su vida lejos del ambiente familiar y social, donde la simpatía abertzale marcaba las vidas del pueblo, allí irse de fiesta con sus amigos era terminar viéndolos romper cajeros, y después comentarlo muertos de risa en la herriko taberna más cercana.

Un día le comenté que en la prensa salió que un chico de Lazkao, Guipúzcua, al que ETA le destruyó la casa, junto con la casa del pueblo socialista, cogió un mazo y desbarató la Herriko Taberna (taberna del pueblo) más cercana donde los abertzales (izquierda) se reían de él. El chico tuvo que irse del pueblo porque le hicieron hasta una manifestación por fascista. Ella me miró y dijo, "en la mayoría de los pequeños pueblos vascos, tienes que mirar con quien te metes"…

Recordé cómo al girar para entrar a mi plaza de parking me sonó en el asiento trasero el sonajero verde pastel que tiene mi esposa para entretener a mi hija. Me entraron ganas de escuchar su inocente respiración durmiendo en el Moisés muy cerca de la cama con ese rostro de todas las risas de un ángel que pueblan sus seis meses de vida.

Después de la reunión y con el calado que esta marcaba en las mentes de todos, había que seguir trabajando, ubicando vestidos, haciendo expediciones para las tiendas respaldados por la lectura del DNI, código de barra de trece dígitos de cada vestido, leídos por un láser con una pistola que cada vez que la diriges a esa cifra -hecha rayas- emite un pitillo de complacencia similar a la caja registradora de los supermercados: un orgasmo continuado de dinero en aumento.

Estar solo en el Stocks con casi treinta mil vestidos hechos en el gigante asiático por costureras chinas era hoy, como mínimo, más extraño. Es tener atrapada el alma ilusionada de chicas que serán todas novias con la superficie de la piel china.

Las malas noticias hacen que el mismo espacio que llevas ocupando se vaya inundando con un tsunami de miedo líquido, que consiste en atemorizarse con el futuro antes de estar presente, es poner en duda todo lo que antes estaba firme.

El mismo mar de seda y encaje color marfil, arena y algunos blancos ópticos al que estaba acostumbrado cada día se comienza a ver diferente, se emplea la mirada de que cada instante puede ser el último. Fue así comencé a leer las descripciones de una línea que ponían en cada vestido con el código de barras, tras analizarlas un momento advertí que algunas imitaban el verso casi gongoriano del siglo de oro español...

Fauna blanco natural garza Paris

Fénix blanco óptico gazar con pedrería

Facial Oys raso real Raso real plisado a un lado

Fagot Marfil raso real

Otros, tal parecía que se le ponían el nombre según la región a la que iban a ser vendidos según el pedido de cada tienda...

Fátima marfil raso real

Porto blanco natural con encaje

Pisa blanco natural Roma

Persia blanco natural con tul gaza

Panamá blanco natural Paris

En este análisis estaba cuando sentí bajo mis pies a alguien llorando.

Era Mamen quien subía las escaleras en vez de utilizar el ascensor de carga. Hablaba con su inseparable Ruth...

-Estoy seguro que he sido la primera que han echado por culpa del marido de Lucia.

-Claro, han aprovechado la primera oportunidad para echarme, pues la pobrecita es Lucía, como si su marido no me hubiese tirado los tejos. Se van arrepentir con el pollo que les voy a montar con el abogado del sindicato.

- ¿Está segura de que les vas a denunciar?

- ¡Claro!

-Pero que te dijo el jefe, que te echaban porque Albert dejó a Lucia.

-No los motivos eran, por las bajas ventas con respecto al año pasado, y la poca faena, no me podían renovar el contrato.

-Eso no es para ir a juicio.

-Ya lo sé, pero es que es un desgraciado el mal formado este. Desde que la Lucía anda llorando, pues el marino la dejó por mala paga, yo no sé, él se fijó en mí, parece que por eso sea yo la facilona,

-Tienes razón, pero es difícil que pruebes que el verdadero motivo sea otro.

-Ya lo sé, pero por joder que no quede

Sin darme cuenta no advertí que Oriol se había acercado por mi espalda y se había quedado escuchando como yo parte de la conversación. Él era muy amigo de Lucía, llevaba trabajando con ella los últimos cinco años en la empresa, desde que él entró, y tomó rápida posición a favor de su amiga y también condenó a Mamén. Al oír el final nos miramos y me hizo un signo de victoria con la mano. Tenía una alegría similar a cuando marca el Barça en puerta contraria en un difícil partido.

Oriol hace un tiempo entró en una organización benéfica, los jóvenes de San José que reparte comidas y mantas a personas que duermen en la calle en las aceras de Barcelona. Las veces que han salido se han concentrado en el Raval, pero abarcar toda la ciudad de noche es su objetivo. El día que comenzaron a caer las piedras de la montaña de Monserrat fue la primera noche que ellos salieron en dos furgonetas. Pensaba yo ingenuamente que como a Oriol ayudaba a los más desamparados quizás en este asunto se pondría a favor de Mamén de la que ya nadie se fiaba. Me equivoqué, su alegría por el despido era evidente.

Toda esta historia solo me hizo recordar cuando trabajaba en una tintorería con mi madre y estudiaba de noche, un día llegamos por la mañana y todo estaba lleno de policías, porque el marido de una que planchaba, un lavandero, la había sorprendido con un chofer que repartía a domicilio. En la puerta de la tintorería le dio dos disparos sin matarlo. Pensé que eran historias del tercer mundo, y no era así.

Sin darnos cuentan vamos cerrando círculos en la vida que solo nuestra propia huella es capaz de desvelar. Casi todas las cosas vuelven, incluso la posibilidad de volver a quedarme sin la seguridad de un trabajo fijo, me guste o no.

El viento debió haber cambiado afuera porque comenzó a llegar un profundo olor a cebada de la fábrica de cerveza que está justo cien metros detrás y forma junto a esta empresa el paisaje visual que primero percibe el viajero que llega a la ciudad por el aeropuerto del Prat.

Con la cebada en la nariz recordé los carteles que algunos de sus trabajadores habían esgrafiado en las paredes cercanas a la entrada del polígono donde estamos...

No más acoso en Damm

Readmisión

Damm explota

CAPÍTULO 4 Muchos le vemos el lado positivo de ser emigrantes

Cuando te vayas de este país cuando decidas irte de aquí, a tu país de origen. Recuerda que Estados Unidos fue tu hogar por muchos años, que fue el país que te adoptó, o si decides quedarte aquí y echar raíces, tienes que dejar un recuerdo que muchos no olvidarán.

Digo adoptó porque es así o deberíamos verlo de esa manera. Para sentirnos agradecidos y ver todo lo positivo de este país, y sacarle el mayor provecho a esa adopción, y que se convierta en tu patria.

Porque de cierta forma ves que hay muchos hijos de corazón, no de color de piel. De hecho creo que muchos migrantes defienden más esta patria que a veces los mismos nacionales. Porque sabemos que este país nos ha dado mucho en nuestra vida. Deberíamos agradecer cada día la estadía en este país.

Tuve una conversación con un anglo ósea, un blanco. Le pregunté qué pensaba su gente de nosotros los migrantes, dijo que el 80% estaba contento porque los trabajos que ellos no quieren hacer los hacen los emigrantes. Y que el 10% no estaban de acuerdo que los migrantes estén viviendo en este país, y el otro 10% no le importa, le da lo mismo. Ósea es neutral, eso ya es una ventaja.

Joven qué estás pensando en emigrar a Estados Unidos. Detén un momento tu emoción y piensa bien con el corazón incluido, antes de que tomes tal decisión.

Cómo pudiste haber leído las historias anteriores. Que la gente ve el éxito y el logro de esa persona pero nunca, ve el proceso por el cual tuvo que cruzar o pasar, a pesar de todo lo que hemos tenido que pasar los emigrantes.

Muchos le vemos el lado positivo de ser emigrantes, de hecho es un gran privilegio ser emigrante, que no nos de pena de serlo. Es muy importante respetar todas las leyes de Estado Unidos de América para ser buenos ciudadanos y que se nos abran las puertas que toquemos.

Como emigrante me he tenido que forjar un camino donde muchas veces me ha tocado llorar en el asiento del carro y agarrado del volante, por el simple hecho de perseguir un sueño; ese camino me formó como un líder que no muy fácilmente tira la toalla, no digo que no pasé alguna vez durante este camino. Que me canse y quiera tirar la toalla, pero hasta el momento que estoy escribiendo estas líneas, no he tirado la toalla a pesar de los obstáculos, a pesar que la gente no lo entienda.

Eso es un gran logro para mí, saber que mis hijos vieron a su papá que nunca se rindió y que nunca pierde el enfoque a pesar de los críticos, que quisieron detenerme según ellos. Y me siento contento y orgulloso, de que pueda aportar algo que te pueda ayudar a ti, como emigrante y que estás leyendo este libro, que puedas evolucionar y pensar y desarrollar tus habilidades como emigrante. Porque de esa manera los estaremos preparando para el futuro.

Cosas que hago para seguir en el camino de la preparación, es escuchar un audio libro diario, convierto mi coche en una universidad, cosas sencillas que puedes hacer como emigrante, es mejor la preparación personal que cualquier otro éxito, se fuerte, busca la información apégate a un sistema educativo ese será el mejor regalo que te puedas dar, porque me he dado cuenta que en cuanto abrimos la boca es allí donde la gente sabe si eres exitoso o no.

A la gente no le importa lo que tienes sino quien eres, y qué puedes aportar a sus vidas, pero si tu autoestima es muy baja, carente de respeto a sí mismo. ¿Cómo podrías ayudar a alguien más? Más bien ocupas ayuda urgentemente tú. Levanta esa autoestima, los emigrantes te lo vamos agradecer.

Yo agradezco que muchos emigrantes vengan y destaquen, y pongan su bandera en alto, que también nos den ese empuje bueno a los Latinos.

Únete tú también, no nos conformemos solo con lo que conocemos y lo que está a nuestro alcance. Se puede convertir en una vida gris sin propósito alguno y también se convierte en una costumbre, cuando se convierte en una costumbre, cuidado porque se desperdicia o más bien se despilfarra la vida, y das vueltas en círculos como el pueblo de Israel, te acostumbras al mismo oficio, al mismo carro, a la misma casa, al mismo vecindario, al mismo restaurante, a la misma música, y si haces eso! también se puede ver como egoísta querer solo para ti, y no compartir con alguien más, que puedas ayudar para que pueda avanzar como emigrante en este gran país.

Por ejemplo, si quieres ayudar a la gente por el camino de un emprendedor tienes que entender que es sumamente agotador, hay muchas distracciones y esas distracciones no necesariamente son divertidas.

Muchas veces esas distracciones son dolorosas, el camino del cambio no es fácil, el camino bueno es duro, ya con ser emigrantes se nos cierran puertas, ahora sumemos el sueño y el emprendimiento. Son cosas raras para una mente básica.

Las mentes básicas no sueñan, las mentes preparadas, sueñan todos los días. Mantener una mente positiva no es fácil. Cuando hay barreras, creo que el éxito no se disfruta si las cosas se dan muy fácilmente. Ni sabor hay en algo fácil, pero que tal cuando eso cuesta un montón, que tú le das, le das, y le das, y no se dan las cosas. Viene la duda y dices. ¿Iré por buen camino?

Y ves que el 95% de los emigrantes que viven sin preocupación alguna aparentemente. Y puedes optar por la vía más fácil. (RAJARSE) suele suceder, sé que muchas veces no van aceptar que el emigrante destaque, pero a pesar de eso seguir avanzando.

Episodio:

Cuando vivía en Nebraska recuerdo un verano. Estábamos haciendo las banquetas de concretó de una ciudad aledaña a Omaha, cuando hablo en plural hablo de un grupo de Latinos emigrantes, alrededor de 17 personas entre hondureños y mexicanos, recuerdo bien que ya para terminar el día, cansados con mucha hambre y llenos de cemento en la ropa, manos e incluso el rostro.

Estábamos echando la última banqueta, poniendo cemento. Cuando de repente un americano blanco hasta las cejas. Llegó a su casa y nos miró despectivamente, y fue a escribir una pancarta y escribió en inglés obviamente y puso palabras malas allí.

Lo leyó gente que sabía el inglés, y decía lárguense (*gol home* o *gol ala -váyanse o lárguense, o wetback-espalda mojada*) de aquí para su país espaldas mojadas, y se fue a parar exactamente dónde íbamos a echar el cemento, yo estaba recién llegado a este país, fue un evento muy negativo para mí.

Pensé que así sería la vida en Estados Unidos. Que todo el tiempo iban a ver acosadores racistas, pero no es así.

Bueno, también recuerdo como muchos americanos que pasaban por allí maltrataban al tipo, la mayoría. Y sí, había uno que otro que pensaba como ese tipo. Alguien llamó a nuestro jefe un latino nacido en Estados Unidos, un hombre enorme, pesa como 250 libras todo músculo y medía aproximadamente 6 pies y medio quizá de altura, contaban que era retirado de peleas callejeras.

Bueno el caso es que llegó al lugar de donde estábamos trabajando, y llegó furioso y se dirigió a donde estaba el gringo. Le arrebató la pancarta al tipo blanco y se armó un problema muy grande. Llegaron policías como si fuera una guerra y arrestaron a mi jefe en ese tiempo.

Me di cuenta que si hay mucha gente que nos quiere en este país que nos defiende, pero sabemos que vamos a encontrar gente, como ese tipo sin corazón pero por eso no debemos bajar la guardia.

Aprendí desde el inicio que no iba a ser fácil en Estados Unidos. Que incluso algo triste que latinos quieren tomar ese papel de ese tipo. ¿Por qué te cuento esto?, para que te des cuenta y sepas que la vida en Estados Unidos tendrá muchos obstáculos, que si vienes a este país, no te dejes influenciar por personas que solo piensan en la diversión.

Primer anillo. Para que puedas marcar la diferencia cuesta mucho llegar acá y no se vale perder el tiempo. No estoy diciendo que divertirse es malo, no de ninguna manera pero todo tiene que hacerse con balance y equilibro, cuando uno llega a este país, llega muy cohibido y ese es el primer anillo del proceso, aprender un nuevo oficio, que muchas veces es muy difícil aprenderlo rápido porque el idioma es inglés y todas las cosas que se utilizan en dicho oficio les llaman por su nombre pero en inglés.

Aprender las direcciones de la ciudad, o sea nombres de calles y más, de igual manera toda está escrito en inglés, y eso a veces te detiene, y luego aprender a manejar un automóvil.

Recuerdo cuando aprendí a manejar. Mi cuñado me enseñó algunas veces. Y después tomé el valor para hacerlo por mi cuenta recuerdo que el carro en el que aprendí era un Ford del año 94, ¡viejo el carro verdad! Pero encima el carro era manual, pero aprendí con mucho miedo pero lo logré.

Muchas veces se me apagó en los semáforos cuando me detenía, la luz estaba en rojo me detenía. Y la luz en verde me costaba arrancar el carro porque brincaba porque era manualmente, entonces el aprender lo básico como emigrante es el primer anillo.

Segundo anillo empezar a valerse por uno mismo dentro de este país, a vivir solo y pagando sus propias facturas, allí se siente el espíritu americano y pues es allí donde vienen muchas oportunidades. Y hay que aprovechar cada oportunidad que se te presente.

En lo personal me siento sumamente privilegiado al estar en este país. Entendiendo que si hay presión eso no queda duda, pero todo lo bueno se hace bajo presión. Salir de la pasividad y entrar a la incomodidad, desarrollar un proyecto y llevarlo a la máxima expresión, tardará en levantar esa meta. Pero eres alumno, y aprendiz, hasta formular lo que tienes en mente, la cuestión es no desesperarse porque puede que fluctúan constantemente. Pero para estar seguro es importante buscar a Dios en este país.

Para que lleves una vida en orden y que cada paso que des lo des seguro, porque solo en Dios hay seguridad, para que espiritualmente estés calibrado y así puedas, ayudar a alguien más, de lo contrario como emigrante te puede atrapar el egoísmo y la avaricia. Pero mientras estés en el camino de Dios, todo será muy diferente, porque automáticamente tus amistades serán muy diferentes. Y eso te ayudará a sentirte en compañía aunque estés lejos de tus seres queridos. Si aceptas a Cristo, evitarás derrochar dinero en cosas innecesarias.

Tercer anillo expansión necesitas expandirte, y darte a conocer que estás haciendo algo positivo, usa las redes sociales para dar un buen mensaje, y ayuda a más personas genuinamente.

Sin Dios va ser difícil ayudar a los demás, recuerdo en una ocasión una hermana de la iglesia de donde asistimos cayó enferma, muy grave pues mi esposa y yo fuimos al hospital a visitarla. Ella se alegró tanto que dijo que no esperaba la visita de nosotros. Vi la alegría que le causamos. Como emigrantes debemos apoyarnos entre sí. En otra ocasión alguien conocido me llamó que estaba en la cárcel, y entre el grupo movimos los hilos siempre bajo la tutela de Dios, y pudimos pagar el encargo de ese caso, para que la persona saliera lo más pronto posible. Si te comparto esto es en forma de que te des cuenta que podemos ayudarnos entre latinos en este país.

Cuarto anillo es dejar huella para cuando mueras siga tu legado en movimiento, en mi caso estoy escribiendo para que este legado quede, siempre en movimiento. Te invito a que hagas algo que siempre te recuerden y que vivas en muchas mentes y corazones.

Tú puedes con la ayuda de Dios. Porque en salmos 55-22 dice: *que encomendemos todos nuestros afanes a Dios. Y él no nos dejará caer.*

Así que los afanes son buenos siempre y cuando estén bajo la tutela del creador.

Si tú como emigrante tienes un deseo un sueño ardiente y es positivo. Pídele a tu guía, a Dios y adelante. Las ideas se formulan deteniéndose a pensar, si tomas un tiempo diario. Podrás ver tus ideas mejores con claridad.

Entiendo que siempre habrá críticos que se reirán con sarcasmo, te lo digo con mucha certeza, eso es lo más normal del mundo, por eso nosotros como migrantes debemos salir de lo normal y convertirnos en unos campeones, como los soldados que luchan por la libertad.

Se es libre cuando conoces a Cristo, cuando tienes tiempo para pensar con claridad, cuando tomas decisiones sin remordimiento, cuando no le tienes miedo al fracaso, cuando le apuestas a la vida sin tapujos, cuando no te afectan las críticas, cuando te enojas en el momento correcto, y cuando te alegras en el momento correcto, cuando sirves a alguien de corazón, sin esperar a que nadie te vea y te aplaude.

Cuando hay momentos en que no eres hipócrita y le das a conocer a la persona correcta que no es de tu agrado. Pero a pesar de eso la amas en el nombre de Jesús.

Se es libre cuando no hay necesidad de que te reconozcan y que te den un cargo, sea en el trabajo empresa, o iglesia. Se es libre cuando no te da envidia lo que los demás poseen. Como emigrante eso te evitará una fatiga enorme, y serás feliz la gran mayoría del tiempo de tus días.

Emigrante, se consiente que aquí en este país, todos somos iguales, la igualdad es que somos latinos emigrantes, y que es la justa razón para ver a los demás con ternura, aunque no llenen tus expectativas. Recuerda que en la viña del señor, hay diferentes personalidades, recuerda que aquí todo lo que te propongas lo puedes lograr, porque este país fue fundado en esos principios, que el individuo se gobernará así mismo como le fuera conveniente, siempre y cuando sea para aportar a los demás y no hacer daño.

Tratemos de no ser indiferentes con los demás.

Una noche salí a caminar por la calle donde vivo. La idea era caminar una hora. Donde vivo es una zona comercial, hay muchos negocios, y ya había caminado diez minutos cuando vi una persona tirada en la cuneta a la orilla de la calle principal.

Es una zona donde los carros corren a 72 kilómetros por hora, unas facilidad, por hora. Pues cuando lo vi lo primero que se me vino a la mente era que un carro lo había atropellado, corrí a un negocio cercano y le dije a la seguridad que trabaja allí lo sucedido, él me dijo que ya lo sabía, el seguridad es emigrante igual que yo, con la diferencia que él es de un país del Oriente.

Bueno el caso es que le pregunté si ya le había llamado a la policía, me dijo que no, no lo vi tan interesado en hacerlo, luego se unieron dos mujeres a la conversación que trabajan allí en ese lugar, eran mamá e hija, persuadí a la hija para que llamara a la policía. Ella lo hizo, llegaron los bomberos y la ambulancia, el joven blanco americano estaba muy intoxicado que quizá si no hubiesen llamado a la policía hubiese muerto el joven, porque la noche era fría.

Cosas como ese Dios las ve y las toma en cuenta, no porque seas emigrante debes de dejar las cosas con una actitud de indiferencia. Y así te puedo relatar muchas otras cosas que he vivido.

En otra ocasión fui a visitar a una familia con mi esposa, cuando ya estábamos en esa casa, me dio ganas de ir al baño. Lastimosamente estaba ocupado el baño de esa casa. Pero enfrente de esa casa vivía un conocido mío, fui donde él para que me prestara el baño, toque la puerta y no hubo respuesta, se me hizo raro porque allí estaba el carro de él.

Cuando ya me iba escuché voces a tras de la casa, voces de desesperación. Fui a ver y me llevé la sorpresa de que el muchacho estaba gravemente herido. Había caído por una ventana y se hirió la mano, algo grande. Alguien le estaba amarrando la mano. Pero él ya había perdido mucha sangre, cuando llegué le dije que iba llamar a emergencia, pero él dijo no, no, no lo haga me va salir muy caro el *bill* (factura), pero no le hice caso y llame a emergencia, los paramédicos dijeron que si me hubiese tardado quince minutos más quizá pudo haber fallecido.

Cosas como estas son las que debemos de ayudar, si lo hacemos como emigrante en este país, estaremos marcando la diferencia.

La intención de contarte esto no es para vanagloriarme, sino que para cuando tengas la oportunidad de hacerlo hazlo, puedes salvar una vida.

En otra ocasión una persona me llamó que quería de mi ayuda, él es una persona especial inválida, lo corrieron de donde vivía porque no pudo pagar la renta.

Yo fui a recogerlo donde estaba en la calle le pagué un hotel unos días mientras se encontraba algo, en eso estaba cuando le hice el comentario a una pareja, de grandes amigos, ellos le consiguieron un lugar donde vivir. Pudimos ayudarlo y sacarlo de esa situación. Es mejor esto que hacemos hoy en día con mi esposa, le hemos dado un sentido. En la vida hemos encontrado un propósito, entiendo que en un oficio y en un empleo podemos desempeñar un cargo. Y ayudar a alguien más, pero… pues no hay expansión no se trasciende ese servicio de generación en generación.

Por ejemplo, yo he trabajado en Estados Unidos en muchos oficios. En cada oficio me he destacado, porque le he puesto el suficiente interés y cada oficio lo he aprendido muy bien, he trabajado en el área de la construcción, en el cemento, en el revestimiento de casas, en la remodelación, en la pintura, haciendo bardas para retención. Etcétera, Etcétera, Etcétera, incluso trabajé en limpieza, y también en jardinería, pero también trabajé por siete años de seguridad en un bar y en cada uno de esos trabajos, he prestado un servicio para alguien más.

Pero siempre esperando ser remunerado, y allí está la diferencia cuando se presta un servicio esperando ser remunerado a hacerlo por vocación.

Tengo una pequeña historia que relatar cuando trabajé en el bar, eso fue en Omaha, Nebraska. Pasamos muchos malos momentos porque había muchos pleitos entre los visitantes, uno de esos días la cosa se puso fuerte. Nosotros como seguridad sacamos a las personas escandalosas, y pues se enojaron tanto que nos amenazaron, dijeron que nos iban a matar. Bueno como eso lo escuchábamos a menudo, no le tomamos importancia,

Media hora después llegó un carro, medio se detuvieron y empezó a disparar así al edificio donde estábamos.

Fue un momento muy difícil, yo y mi compañero estábamos en la entrada recibiendo a la gente, y revisando que no metieran bebidas alcohólicas y armas. Lo bueno era que trabajaban dos policías con nosotros.

Bueno el caso es que mi compañero resultó herido de su brazo y a mí no me pasó nada gracias a Dios. La policía detuvo a los individuos, y fueron procesados.

Porque te cuento esto: es para que podamos ver hasta dónde llega un emigrante para poder llevar el sustento a su casa para su familia. Se arriesga mucho, pero como dice el dicho popular *el que no arriesga no gana*.

Hoy en día desarrollamos un negocio empresarial con mi esposa donde ayudamos a mucha gente a que se puedan educar en diferentes temas. Damos conferencias, y todo esto ha sido un proceso, nos sentimos felices porque trabajamos con la comunidad latina inmigrante igual que nosotros.

De cierta forma hemos descubierto esta manera de apoyarnos, como latinos dentro de esta gran nación, Estados Unidos, ya que nos han catalogado otras culturas y nosotros mismos, como una raza que es individualista y egoísta pero sabemos que en lo que estamos haciendo existe cierto desafío para poder ir cambiando esa mentalidad.

Pero lo estamos logrando con la ayuda del creador, no es fácil pero si se puede. Lo interesante es que hay mucha gente latina que no entiende el concepto, o no lo quiere entender, porque sabe que se necesita hacer un cambio de negativo a positivo. Pero a pesar de eso no paramos con la esperanza de que más latinos se nos unan.

Me encanta que la gente que lleva poco tiempo en el país y traiga una mente abierta y empiezan a educar más la mente. Contrario a algunos latinos que tienen un tiempo razonable en USA y siguen escépticos, porque ya se acomodaron quizá, y entiendo que es mucho más trabajo poderle hacer entender a este tipo de personas. Por eso seguiremos trabajando, hasta que Dios así lo quiera.

La esperanza nunca hay que perderla

Más aún cuando hay un propósito de vida, no se vale perderla. No se vale volver atrás a una vida ordinaria sin esperanza alguna sin sentido, aunque aparentemente creemos que a pesar de todo tendrá sentido, pues déjame decirte que no, porque uno hace que las cosas sucedan y tengan sentido, el por qué las estás haciendo así, llevar la vida a la más máxima expresión. Sin ningún remordimiento de fracaso, aunque te critiquen porque fracasaste no importa porqué los que lo hagan de criticarte no lo entenderán, ellos querrán que sigas en su círculo y peor aún que estés bajo de su círculo. Que seas incluso menos que ellos, por eso cuidado a quien escuchas. Como emigrante pon mucha atención a quien escuchas, si te da consejos para avanzar a tu meta ponle atención positivamente y aplica el consejo, porque esa gente vale la pena tenerla siempre con uno.

Acciona. En época de crisis en un país extranjero, no te puedes quedar parado o estancado. Debes tomar acciones que te tiren adelante, como emigrante no debemos de darnos el lujo de seguir solamente un patrón de conducta negativo, que vemos que hacen los demás, debemos experimentar varias vías optimistamente positivas ósea varias oportunidades, de esa manera encontrarás tu propio propósito de vida, incluso hallarás gente que andan en constante movimiento,

Que no les parece la idea de estancamiento. Es donde le vas a dar sentido el estar como migrante, en ese país. Es por eso que los migrantes sobresalen no estoy diciendo que te vayas a los extremos, porque puedes verte ocupado pero no avanzar.

Es importante desarrollar el pensamiento para que haya enfoque, y que seas consciente de lo que estás emprendiendo. Ósea la idea es que para ti sea de suma importancia, para que dediques tiempo para eso. Incluso tendrás que dejar en espera la diversión para enfocar en la acción de lo que quieres.

A veces se toman decisiones que para algunos creen que es una locura, por qué no lo entienden. Por ejemplo, eliminar el cable y dejar de ver televisión para enfocar en educar la mente. Eliminar redes sociales, todo esto es para enfocar en ese sueño que tienes.

Eso que te estoy compartiendo yo lo he hecho, llevo 8 años sin cable de televisión dure los mismos años sin redes sociales, hoy en día llevo un año con redes sociales, pero claro ya eso es con un propósito.

Cuando te das cuenta que has pagado un precio, sabes que perteneces a una minoría, quizá el 5% del mundo. Por la teoría de las 10.000 horas practicadas para llegar al clímax de lo que quieres y deseas, esa es la razón por la que tengo el tiempo de escribir estas líneas.

Esa es la importancia de dejar cosas que te alejan de tu sueño y agarrar cosas nuevas que te acercan a tu sueño, y todo esto es a largo plazo, por eso es importante leer mucho, para no desesperarse y no abandonar, este compromiso es muy duró difícil y enormemente enfocado y habrá mucho dolor y abandono por muchos, que te copiará la idea pero en cuanto puedan dejarán de luchar junto a ti y te dirán que estás loco. Pero a pesar de eso sigue no te desanimes. Mejor ve lo positivo de ser emigrante. Nunca te des el lujo de procrastinar, cuando la edad va avanzada y crees que no has logrado eso que anhelas procrastinar es lo más fácil. Procrastinar es decir, dejar las cosas para mañana, algo totalmente contrario a lo que sugiere el dicho popular: "no dejes para mañana lo que puedes hacer hoy".

Mejor toma acción el emprendimiento te ayudará a moverte de ese estado de aplazamiento y esto se ve en la comunidad latina de Estados Unidos. Dicen que después lo hago, si lo dejas para después, es seguro que no lo harás, entonces llegas a un estado de ser normal, pero ser normal es molesto porque siempre dependemos de alguien más. Cuando llegas a hartarte, cansarte dices ya estuvo bueno, haré algo por mi vida y trabajaré por un legado aunque el trabajo al principios no sea remunerado.

Sabes que entrenaste la idea de las 10,000 horas de práctica. La teoría de las 10,000 horas nació en la mente de *Malcolm Gladwell*.

Es decir esas 10,000 horas, van a pasar pero es mejor pasarlas enfocándose en eso que quieres y puedas organizar tu vida. Llegarán tiempos donde serás buscado para aportar a la humanidad por lo que sabes. Más no por lo que tienes, es decir lo material es irrelevante, cuando se trata específicamente de ti ósea de lo que aportes. Por eso es importante desarrollar habilidades visiones y nuevos hábitos. Forma hábitos de reunirte con personas que quieran luchar, y formar un legado.

Tenemos que entender que no todos emigramos por voluntad propia, y estos emigrantes se sienten abrumados por el cambio de país, estos emigrantes son los niños que llegan a un país donde les hacen *bullying*. Pero si nosotros logramos hacer empezar cosas positivas podemos ayudar a esa gente que crece aquí y no se sienten ni de aquí ni de allá, si logramos como emigrantes unirnos ganaremos terreno, y podemos ayudarlos y ayudarnos a nosotros mismos, como emigrantes.

Siempre ten presente que somos ejemplo, para alguien más imagina que si tu como emigrante, triunfas sin tener la educación académica más alta, como no vas a ser ejemplo para alguien que llega a este país extranjero pequeño, y aprende el idioma del país. Triunfará el doble y más rápido que quizá tú lo has hecho, pero una cosa sí es importante es que triunfes y hagas cosas diferentes. Y así tus hijos no tendrán excusas a pesar que hayan nacido aquí en este país, por eso está el dicho bien dicho.

No sabemos cuál sea el origen de la frase "

LAS PALABRAS CONVENCEN, PERO EL EJEMPLO ARRASTRA.

Pero bien es cierto es una gran enseñanza

La madre Teresa de Calcuta lo dijo así: *no te preocupes porque tus hijos no te escuchan, te observan todo el día.*

Y en la biblia dice así:

Las palabras tienen el poder del convencimiento oído, pero el ejemplo tiene el poder de la verdad vista y vivida.

Las palabras son realmente poderosas cuando están avaladas o garantizadas por el ejemplo personal, sino serían solo como metal que resuena o címbalo que retiñe (1 Corintios 13:1)

Hay que tener claro por qué emigramos y no dejar de luchar hasta lograrlo. Yo tengo claro esa parte porque recuerdo cada día de dónde vengo

Recuerdo mi niñez desde que obtuve uso de razón viví en pobreza extrema. La casa donde nací era una casita de paredes hechas de lodo y el techo era de paja. Cuando llovía el agua se introducía por el techo donde había agujeros. Mis padres son campesinos y entiendo que era la única información que tenían y hasta allí nos pudieron dar. En la escuela sufrí mucho por no tener los recursos económicos.

Sin zapatos, sin mochila, mi mochila era una bolsa de plástico pero a pesar de eso era feliz. Esa es la razón por la que no dejó de luchar, para ayudar a través de mi escritura a más emigrantes que se identifiquen, que si están dormidos puedan despertar y empezar hacer algo por su vida, algo que deje huella. Porque no se vale solo luchar por uno mismo sin ayudar a los demás, a veces necesitamos mirar el pasado para que nos de ese impulso para triunfar.

Quizá algunos emigrantes no pasaron por esa vida de escasez. Pero pueda que sea por otros motivos que emigraron, la noticia es que si aplicaremos todo esos recuerdos. Para el bien común en usa todo fuera distinto. Hubiese mucha gente latina próspera, fuera la minoría de escasos recursos, pero aquí en estos tiempos es todo lo contrario hay muy poca gente exitosa, y mucha gente latina viviendo en pobreza casi extrema dentro de un país con muchas oportunidades.

Estados Unidos es un país que te abre las puertas y te brinda, algunos recursos con un W7, puedes sacar una cuenta bancaria y con tu pasaporte de tu país. Es más, somos más exigentes los latinos si no tenemos un papel te dan un no rotundo. Solo te dicen no se puede y ya, en cambio el sistema de anglosajón es grande porque te guían y te ayudan para avanzar en este gran país. Con el número que te otorga el gobierno que es un número federal se le llama ITIN o /w7 puedes hacer los impuestos, y hacer un historial crediticio.

El sistema de salud es muy bueno en cuestión de emergencias y operaciones.

El resto hay opiniones diferentes.

W7. Este formulario se utiliza para solicitar un número de identificación personal del contribuyente (ITIN, por sus siglas en inglés). También, puede utilizar este formulario para renovar un ITIN que ha vencido o que está próximo a vencer.

Bueno prosigo aquí tienes unas historias más, de emigrantes que vieron lo positivo de ser emigrante.

Bernardo González inmigrante mexicano.

Emigré a Estados Unidos, a la edad de 15 años de edad era un niño. La razón de venir es ayudar a mi madre, quien fue padre y madre para mí, llegué al estado de New Jersey, donde por la edad obviamente nadie me quería contratar. Fue muy difícil para mí, hasta que pude encontrar trabajo en un restaurante.

Me sentí tan feliz cuando recibí mi primer cheque, no fue mucho, ciento cincuenta dólares, mi primer cheque.

Luego pasaron seis años y tenía veintiuno años de edad cuando conocí a mi esposa en el 2012. Ella es de donde yo soy originario, bueno esa fue otra etapa en mi vida, todo era felicidad hasta que un día.

Todo cambió, para entonces ya teníamos dos hijos, una niña y un niño. Mi niño Henry de repente enfermó. Creímos que era algo pasajero, pero no fue así, le empezó un dolor agudo en su barriguita y cada día aumentaba más. Lo llevamos muchas veces a emergencia y no le encontraron nada. Solamente le daban calmantes, mi niño llegó a un punto que no permitía que lo agarrara tanto era el dolor, que si lo agarramos para darle consuelo no aguantaba, eso me dolía en el alma.

Sufrimos mi esposa y yo, sentíamos que el mundo se nos acababa y que nuestro hijo se desvanecía. No hallábamos qué hacer. Hasta que tomamos la decisión de emigrar a él estado de sur, Carolina, nos recomendaron un hospital muy bueno, lo confirmó, es buen hospital, ahí fue donde le detectaron la enfermedad, algo que no es común la enfermedad se llama Hirschsprung's disease, un nombre extraño para mis oídos, recuerdo que cuando le diagnosticaron, la enfermera Hirschsprung's disease sentimos cierto alivió, porque sabíamos que los médicos ya tendrían la información correcta y saber a qué enfermedad atacar.

Esta enfermedad Hirschsprung 's disease es uno en cada 5000 nacidos, porque es enfermedad de nacimiento. Pero antes de todo eso, desde que empezó todo esto fue muy estresante para mí, lloraba a diario por mi hijo, no me podía enfocar en el trabajo.

Cuando tuve un accidente me fracture una mano. Sentía impotencia no poder proveer para mi familia en estos momentos que más lo necesitaban. Recuerdo también que iba muy deprisa en mi carro, un policía me vio. Y me prendió las luces, yo no me paré seguí, cuando el policía logró detenerme, me regaño pero le conté la situación que estaba pasando y comprendió, pero si me dijo que por lo que yo había hecho, me podría disparar. No me salvé de la multa.

Así que si vienes llegando a este país no cometas ese error. Bueno volviendo al tema de mi proceso encontramos gente en este proceso, que me ayudaron emocionalmente y espiritualmente me consolaban cuando decían que oraban por nosotros y por mi hijo que se mejorará. Porque mi hijo duraba hasta tres semanas que no defecaba, y eso nos dolía mucho porque él en esos momentos sufría más, de hecho que cuando le detectaron esta enfermedad, los doctores dijeron que él estaba a punto de que su intestino explotara. Nosotros llegamos a orar a Dios al verlo sufrir que si era su voluntad se lo llevara. Ósea ya nuestras energías habían colapsado.

Recuerdo que conocimos a una señora en sur Carolina y ella estuvo siempre con nosotros en el hospital, y siempre nos daba ánimos. Recuerdo que mi hijo a pesar de todo eso sonreía, creo que mi hijo era más fuerte que yo. Porque decías cosas como estas; papi, ¿verdad que yo voy a morir?

Pues yo le decía que ¡no!, que todo iba a salir bien. Pero en el fondo de mi corazón dudaba, no porque no tuviera fe, sino porque ya era un proceso muy largo para un bebé pequeño como él.

Tuvo muchas operaciones. Y en su última operación, un grupo de señores dijeron que mi hijo iba a salir de todo esto bien. Y eso me dio mucha fe y paz. Hoy mi niño está estable ya se puede decir que lleva una vida normal seguimos en la lucha pero ya vamos avanzando mejor. Doy gracias a Dios primeramente, y gracias a que vivimos en un gran país donde la medicina es muy buena, que a pesar que somos emigrantes no sentí ninguna diferencia, mi hijo fue atendido excelente, le doy gracias a Moisés Pacheco. Por ver escrito un libro que llegó a mis manos cuando estaba en esa situación. Yo no lo conocía a él pero lo conocí a través de su libro Haz que el viento sople a tu favor y vive una vida abundante.

Cuando leí el libro me ayudó mucho, y busqué la forma de contactarme con él. Y pues por eso estoy relatando parte de mi historia, espero que ayude. Si estás pasando por algún problema en tu vida, y si no pues aprovecha al máximo tu felicidad. Y siempre ve lo mejor de este país.

La enfermedad de Hirschsprung es un trastorno que afecta el intestino grueso (colon) y causa problemas para la evacuación intestinal. La afección está presente al nacer (congénita) como resultado de la falta de células nerviosas en los músculos del colon del bebé. Sin estas células nerviosas que estimulen los músculos intestinales para ayudar a mover el contenido por el colon, el contenido puede acumularse y provocar una obstrucción en el intestino.

Un recién nacido que padece enfermedad de Hirschsprung generalmente no puede evacuar en los días posteriores al nacimiento. En casos leves, la afección quizás no se detecte hasta más tarde en la infancia.

Bernardo siempre vio lo positivo de ser emigrante, nunca se quejó, siempre estuvo ahí para darse cuenta que a pesar de las circunstancias, hay una salida. Si tú estás pasando por adversidad, ten siempre presente que eso se va a terminar, y cuando se termine serás más fuerte. Siempre tenlo presente, sé que en la adversidad es difícil ser optimista, pero si puedes ver lo positivo de ser emigrante. Podrás ayudar a más personas, hay dos formas de marcar una diferencia para ser una persona exitosa. O ser alguien que venció la adversidad más grande. No hay zona intermedia, es decir si uno es una persona común pues no puede uno destacar.

La importancia de salir del pozo es que puedes hablar en público y te van a escuchar, seremos héroes reales no héroes de capa. Sino héroes reales. Palpables con los que se puede conversar, y ayudar a más personas más aún personas migrantes. Pero para llegar a serlo necesitas trabajar en tu optimismo. Porque no se puede ser héroe siendo pesimista, debemos ser personas con un nivel de positivo alto, transmitiendo siempre el ¡sí se puede! inspirando a otros e interesándose por los demás, no burlarse de lo que piensen. Sino que escuchando y analizando porque tiene ese pensamiento.

Eso te hará diferente al resto de las personas, claro que cada quien tendrá su punto de vista. Pero hay algo que vence todas las opiniones. Es sonreír y ser amable, aunque hay excepciones, no porque tú lo quieras así, si no que son personas que no se dejan querer quizá por su trasfondo y hay que darles el espacio que se merecen.

El ser humano es complejo, por naturaleza es decir cómo somos así, no podemos esperar lo máximo de los demás. Pero tú si lo puedes dar, aunque no les parezca bien alguno. Si como emigrantes no nos gusta que otro emigrante sobresalga. Está actuando el resto de nuestra naturaleza que llevamos por dentro. Entonces cada vez que actuamos por el bien de los demás estamos siendo más humanos.

Entonces si queremos ser más humanos cada día actuemos con prudencia, y felicitemos cada vez que tengamos la oportunidad a otro ser humano y de esa manera miraremos lo positivo de ser emigrante.

Si yo no fuera emigrante quizá nunca se me hubiera ocurrido escribir. Pero como estamos en un país donde todo se puede, si te lo propones obviamente. Aquí es donde me han entrevistado por el primer libro, *Haz que el viento sople a tu favor y vive una vida abundante.*

Nunca la tendré.

Una tarde de abril emigra a Estados Unidos. Mía y con sus padres. Era una niña cuando emigró. A los dos añitos de edad. Ella nació con un don increíble, de relacionarse con la gente una sonrisa bella. Cuando sonreía a la gente le apetecía cargarla en los brazos, ella destacó en la primaria fue una líder, a quien no le gustaba la injusticia siempre defendía aquellos más cohibidos, y de baja autoestima.

Ella era una niña alegre y bella cautivadora para la gente. Ese poder que tenía la hacía verse inalcanzable para algunas personas y esas personas en vez de acercarse a ella se le alejaban.

Mía era la defensora en la escuela no buscaba problemas pero como que los problemas la buscaban a ella o las personas por las que no era aceptada, los provocarán. Porque ella era la héroe y Mía defendió a muchos en la escuela y eso hizo mella en su vida, en su historial y reputación. Que los indefensos querían estar cerca de ella. Hasta que llegó el día de entrar a la preparatoria, donde ella seguía defendiendo a más personas.

Un día un joven estaba golpeado una jovencita, ella se enojó tanto que le pegó un puñetazo con su mano izquierda, que le fracturó la nariz, había golpeado al más rudo de la secundaria, hubo un silencio total, creyendo que el rudo iba contraatacar pero no, la vio con mucho miedo y cayó sentado poco a poco, y muchos celebrando por el triunfo de Mía.

Ella se ganó el respeto de la preparatoria total, pero también se ganó un mes de disciplina de la preparatoria. No pudo regresar porque en ese mes aparte la estuvo viendo, un especialista en trastornos bipolar cosa que no existía en Mía.

Regresa a la preparatoria cuando pasa el mes de castigo el 95% de los compañeros la estaban esperando con ansias era la líder le hicieron una bienvenida, Marcus el hombre nariz fracturada se acercó a Mía, Mía lo vio y le pidió perdón, él dijo No, perdóname tu a mí, y como dice el dicho si no puedes con el enemigo únetele. Y allí empezó una bonita amistad y allí empezó el amor, Marcus actuaba de esa manera para desquitar el coraje que traía por dentro de no ver conocido a su padre, a Mía le da tanta ternura y se enamora de él que había golpeado meses atrás. Se dieron cuenta en la conversación que los unía un mismo sueño, el sueño de Mía era enlistarse en la marina de Estados Unidos de América, a Marcus también el sueño era en sí mismo, con la diferencia que él quería ser piloto de aviones de guerra. Pues llega la fecha de graduación Marcus no se presentó. Y ella quedó sola, ella se gradúa pero pasa algo ya no pudo seguir sus estudios porque de la relación que tuvo con Marcus. Quedó embarazada, nació una niña.

Resulta que Mía decide dejar la niña, con sus Padres para irse a la marina. Pasaba un tiempo en la marina cuando en una práctica ella tuvo un grave accidente. Que la llevó a estar en coma seis meses, después de los seis meses despertó del coma, pero con la sorpresa que le faltaba una pierna, y tenía mucho trauma, y para entonces la niña la tenía el estado sus padres ya no pudieron cuidarla.

La madre de Mía falleció en esos seis meses que ella estuvo en coma, su padre ya no pudo quedarse con la niña con dolor en su corazón la tuvo que entregar. Mía se encuentra con esos problemas, y dice para qué vivir, mi padre depresivo, mi niña no sé dónde está, mi madre fallecida, de Marcus nunca supe nada de él, y yo herida y deshabilitada, mejor me hubiesen dejado morir.

Su padre con lágrimas en los ojos le dijo hija no creo haber aguantado perder una más. Perdí a tu mamá, perdí a mi niña y no te quiero perder a ti. Mía sale del hospital, con un montón de medicamentos, su tocador estaba lleno de medicamentos que el estado le proveía, dos años después muere su padre, un golpe más para Mía, ya no puede más, los ahorros que tenía su padre se agotaron, parte se gastó en el sepelio. Lo demás para que Mía sobreviviera. Mía recuerda la niña que ella era, lo alegre y feliz que era, recuerda cómo ayudó a la gente. Cada vez más recuerda a Marcus, llora a diario ¿qué voy hacer?

Gemidos y sollozos, ella decide vender la casa porque ya no puede más, el dinero no le alcanza, es una decisión dura, ella no quiere pero se ve obligada hacerlo, ella perdió conexión y comunicación con todos los conocidos y familiares que vivían lejos. No sabía nada de nadie. Mía no obtiene mucho por la casa, decidió rentar un pequeño apartamento ósea un estudio. Al pasar el tiempo mía. No Puede más, se le acaban los recursos. Porque no puede trabajar ella sigue en terapias. Y sus heridas no son sanas 100% tiene muchas dificultades para hacer las cosas más rápido.

Ella toma una decisión enorme de buscar ayuda en albergues donde ayudan a los veteranos pero las filas son grandes y hay que esperar ese día conoció a Mario, Mario se parecía en algunos aspectos a Marcus. Mario hombre latino hombre bien parecido con la misma situación, fractura de extremidades. Con la diferencia que él eran las dos piernas tenía dos prótesis. Mía empieza una relación con Mario y empezaron a vivir en la calle. Mario era muy optimista, a Mía le encantaba escucharlo por pequeños momentos la sacaba de su realidad, hasta que un día Mario le dijo a Mía que porque no luchaba por su nena que para entonces tendría unos 6 añitos. La respuesta de Mía fue NUNCA LA TENDRE.

Mírame como estoy, dijo Mía. Yo te apoyo, le dijo Mario, ella le dijo mírate como estas Mario, aquí la única manera es morir para no sufrir más, Mario la vio con ternura la abrazó y le dijo, te

Amo. Si nos toca morir morimos juntos, si nos toca vivir, viviremos juntos, si nos toca luchar lucharemos juntos, y le dijo Mía habrá un destello solo un pequeño destello de esa niña que me cuentas que era optimista y pacificadora defensora de los demás en ti?

Mía dijo uhhh, creo que sí, ahí está le dijo levantándose de sopetón cosa que no había hecho Mario por sus prótesis, se emocionó que ni supo cómo lo hizo. Y dijo, viste, viste lo que pasó, entonces todo es mental, cambiemos la mentalidad, pensemos positivamente y luchemos por tu nena, si, si, si, dijo Mía. La quieres ver, dijo él, claro que sí, dijo Mía. Pero sigue siendo imposible, necesito estar bien, claro que se puede.

Desde esa día la vida de Mía cambió la quiero ver aunque sea unos minutos decía, lucharemos, Mario lucharemos. Mía se bañaba en las gasolineras que tiene ese servicio, ese día empezó a buscar información cómo podía hacer para verla, dos años de lucha le tomó para demostrar que ella estaba bien, mentalmente, y pues físicamente ya estaba bien no tenía dolor y llevaba una vida normal. Ya trabajan los dos en una floristería y ya tenían un sueldo, vivían en un apartamento de dos recámaras pensando en la nena que para entonces tenía 8 años.

      El día que Mía miró a Ruby, así se llama la nena, la vio una hora fue increíble. Eso le dio tanta energía. Que le dijo a Mario que emprendieran y pusieron su propio negocio, de floristería 6 meses después Ruby ya vivía con Mía y Mario, son una familia rehabilitada rescatada, y ayudando a otros con la misma situación, hoy en día Ruby es abogada, Mía y Mario empresarios mayoritariamente, surten las tiendas más grandes del país. Y viven felices. Tienen una institución donde ayudan a muchos discapacitados, a ponerle color a sus vidas y que sean vidas productivas. Ellos ya habían perdido todo, solo lo que no perdieron fue la esperanza, esa es la última que se pierde, cuando es discapacidad mental se pierde toda esperanza. Pero ese no fue el caso para ellos. Aunque hay personas que lo tienen todo y su mente no les da para más, es decir para avanzar, ellos usaron su mente motivación inspiración y un sueño y vieron lo positivo de ser emigrantes.

El regresó de las Aves

Sin duda las aves siempre regresan a su hábitat, los patos que te menciono al principio del libro regresaban por donde ellos habían emigrado. A su hogar, las mariposas monarca de igual manera regresan a su hogar. Así que todo emigrante, por muchos años que viva en un país extranjero, regresa o tiene ese pensamiento de regresar a su tierra que lo vio nacer.

De alguna manera sucede la vida, es así, a menos que el emigrante fallezca en ese país de donde emigró. O que sea un emigrante con asilo político que emigró de algún país con dictadura, esa sería una barrera para regresar pero en su pensamiento él anhela regresar por los que quedaron atrás, en Estados Unidos muere mucho latino que trabaja en la construcción, lastimosamente regresan a su tierra no como ellos lo habían concebido.

Durante mi vida en Estados Unidos he visto gente que va y viene a su tierra. Esto es como un imán que te echa para atrás, a pesar que el emigrante se queje constantemente.

Regresa a las comodidades de Estados Unidos, porque no lo tiene otro país, es impresionante la vida en éste país. Creo que eso hace que la mayoría que regresa a su tierra regrese a Estados Unidos.

El problema no es regresar sino que está clase de emigrantes viven con el corazón partido en dos. Sabiendo que tienen a su familia en su tierra, y solo van los ven por un tiempo y regresan, impresionante la vida así, pero cuando un emigrante prueba las comodidades, es muy difícil que se desprenda de ellas.

Algunos migrantes han perdido su identidad.

No saben cómo definirse, pues vinieron muy chicos acá a Estados Unidos, no hablan español y no saben qué decir, si son de aquí o no. Y hay algunos que cometen el horror de llevarse los hijos muy chicos para su país de origen, hijos nacidos aquí, cuándo crecen ellos no se sienten bienvenidos, porque no dominan el idioma y sufren, a pesar que son ciudadanos de este país qué sucede con todo esto, que nunca se detuvieron a pensar y poder ver lo positivo de ser emigrantes.

Estoy terminando este libro. Si puedes ver lo positivo de este país puedes disfrutar, y aportar, y apoyar, y mejorar, y agradecer, y ser feliz porque la felicidad se lleva por dentro, y de esa manera. Podrás ver lo POSITIVO DE SER EMIGRANTE.

Agradecimientos

Agradezco a Dios sobre todas las cosas.

Agradezco al núcleo familiar mi esposa e hijos Elizabeth, arisvi y liam.

Agradezco a mis hermanos y hermanas con los que crecí y vivimos momentos únicos en la infancia.

Mari, Melina, Consuelo, Pedro.

Agradezco a mis papás, a Fidel y Rufina por traerme al mundo.

Agradezco al pastor Jorge Arenivas por guiarme el camino de Dios

Agradezco a Carlos Zamora, Carlos Chen, Oscar Hernández, Arsenio Rodríguez Quintana, Bernardo González. Por ser parte de este libro,

Agradezco a Severino Mendoza, David Romero, Roberto Luna, Eva Luna, Carlos y Doris Chen, Cruz y Fernando ángel por mostrar ejemplo de perseverancia.

Índice

CAPÍTULO 1. Mirando lo positivo de ser emigrante 1
CAPÍTULO 2 La bestia. 37
CAPÍTULO 3. Valentina cuenta 99
CAPÍTULO 4 Muchos le vemos el lado positivo
de ser emigrantes   149
Agradecimientos   195
Índice   197

Made in the USA
Columbia, SC
25 May 2024